品牌营销

品牌升级与规模增长方法论

施 襄 ◎ 著

中国铁道出版社有限公司
CHINA RAILWAY PUBLISHING HOUSE CO., LTD.

图书在版编目（CIP）数据

品牌营销：品牌升级与规模增长方法论/施襄著.—北京：中国铁道出版社有限公司，2024.1
ISBN 978-7-113-30610-6

Ⅰ.①品… Ⅱ.①施… Ⅲ.①品牌营销 Ⅳ.①F713.3

中国国家版本馆 CIP 数据核字（2023）第 190152 号

书　　名：品牌营销——品牌升级与规模增长方法论
　　　　　PINPAI YINGXIAO：PINPAI SHENGJI YU GUIMO ZENGZHANG FANGFALUN

作　　者：施　襄

责任编辑：奚　源　　　　　　　　编辑部电话：(010) 51873005
封面设计：宿　萌
责任校对：刘　畅
责任印制：赵星辰

出版发行：中国铁道出版社有限公司（100054，北京市西城区右安门西街 8 号）
网　　址：https://www.tdpress.com
印　　刷：三河市国英印务有限公司
版　　次：2024 年 1 月第 1 版　2024 年 1 月第 1 次印刷
开　　本：710 mm×1 000 mm　1/16　印张：10.5　字数：156 千
书　　号：ISBN 978-7-113-30610-6
定　　价：59.80 元

版权所有　侵权必究

凡购买铁道版图书，如有印制质量问题，请与本社读者服务部联系调换。电话：(010) 51873174
打击盗版举报电话：(010) 63549461

前　言

　　品牌是影响用户消费决策的关键因素，尤其是在当下这个信息爆炸的时代，品牌能以独特的理念、个性的产品、完善的售后服务等吸引源源不断的流量。因此越来越多的企业开始重视品牌打造，关注品牌持续增长。

　　一些企业对品牌存在认知局限，认为只有发展到一定规模，才可以打造品牌，在发展前期应该注重营销。事实上，品牌和营销并不是相互独立的关系，企业在成立之初，就应该系统化地进行品牌营销。

　　纵观市场中成功的品牌，它们之所以能够在激烈的竞争中脱颖而出，保持较高的话题度和较强的竞争力，原因就在于它们采取了成功的营销策略，这也是这些品牌持续增长的秘诀，尤其是在当下消费需求迭代、消费主力年轻化的新消费时代，品牌营销方式花样百出，品牌触达用户的渠道不断拓展，如何将品牌价值精准传递给目标用户并培养目标用户的消费习惯，实现品牌升级与规模增长，成为品牌营销的新课题。

　　本书就聚焦新时代下的这一新课题，以基础篇和进阶篇两篇内容详细拆解品牌营销的方法论。基础篇为品牌营销实战技巧，包括重塑品牌价值、绘制用户画像、找准品牌定位、开发优质产品、明确定价策略等方面，通过对这些内容的讲解，帮助读者明确品牌营销实战中需要关注的重点领域。

品牌营销的目的是获取更多流量，从而以流量转化实现品牌增长。因此，本书的进阶篇为流量裂变操作方法，讲解了引爆现象级 IP、构建视觉体系、强化自传播属性、设计顶尖文案、规划营销活动、打造新媒体矩阵、撬动品牌杠杆、维持品牌活力等方面的内容。在流量触顶和传统营销方式逐渐失灵的当下，企业需要调整视角，以多种方法搭建完善的流量裂变操作体系，建立自己的流量优势。

除了从多角度讲述品牌营销方法论外，本书还融入了西贝莜面村、匹克、鸿星尔克等知名品牌案例，理论与案例相结合，可读性很强。本书理论知识丰富，案例翔实，能够为创业者、企业家、营销管理者等进行品牌营销提供有效指导。

施　襄

2023 年 6 月

目 录

基础篇　品牌营销实战技巧

第一章　重塑品牌价值：新消费时代的品牌观　003

第一节　"拯救"传统营销模式　003
一、4P营销理论亟待升级　003
二、新消费时代需要4E营销理论　005
三、西贝是如何创新营销模式的　006

第二节　好的品牌名称是什么样的　007
一、简单、容易记住　007
二、让用户产生正面联想　008
三、与产品、用户、企业经营相关联　009

第三节　整合品牌资产，提升品牌价值　010
一、品牌知名度：让用户认识品牌　011
二、品牌声誉：让用户"爱上"品牌　012
三、品牌联想：影响用户的消费决策　014

第二章　绘制用户画像：迅速了解并赢得用户　016

第一节　用户画像解析　016
一、绘制用户画像的三大优势　016
二、PERSONAL法则：从基本性到长久性　017

第二节　如何绘制用户画像　018
一、划分用户的四大要素　018
二、用户标签：全方位了解用户　021

三、层次化分类：串联信息、绘制用户画像　　022
　　四、用户画像的应用范围　　024

第三章　找准品牌定位：以打造差异化为核心　　026

第一节　头部效应：做第一，不做第二　　026
　　一、争取比竞争对手更专业　　026
　　二、找到最突出的卖点，强势发力　　028
　　三、华熙生物是如何成为爆品的　　030

第二节　如何实现差异化定位　　032
　　一、根据行业发展趋势找到差异化价值　　032
　　二、成为细分领域的佼佼者　　033
　　三、打造品牌 IP，以 IP 体现差异化　　035
　　四、以优质服务打造品牌差异化　　036

第四章　开发优质产品：好产品自己会"说话"　　038

第一节　"产品为王"永远不会过时　　038
　　一、产品认知：了解产品是什么　　038
　　二、产品风格：把握市场潮流趋势　　039
　　三、产品价值：知道产品的用途　　040
　　四、产品结构：巩固品牌形象　　042

第二节　开发产品，质量必须是第一位　　045
　　一、完善质量标准与体系　　045
　　二、专业度体现产品高质量　　048

第三节　如何优化用户的产品体验　　049
　　一、外形设计：从用户的"五感"入手　　050
　　二、对产品的使用过程进行分解　　050
　　三、仪式感必不可少　　051

第五章　明确定价策略：找到最合适的利润点　　053

第一节　定价策略大盘点　　053
　　一、新产品定价　　053
　　二、差别定价　　054
　　三、心理定价　　055

四、折扣定价 057
第二节 合理配置资源，提升性价比 058
一、"零投入做品牌"无异于"痴人说梦" 058
二、资源配置：线上与线下一起投入 059

进阶篇 流量裂变操作方法

第六章 引爆现象级IP：把故事讲给全世界 063

第一节 故事效应：让用户产生共鸣 063
一、故事是最好的传播方式 063
二、故事三要素：背景＋情节＋人物 064
三、一个极具吸引力的"理想主义者"故事 066

第二节 哪种类型的故事更适合你 067
一、创始人故事 067
二、产品故事 068
三、品牌主张故事 069

第三节 如何将品牌打造为IP 070
一、明确定位，瞄准有需求的用户 071
二、重复宣传，加深用户对品牌的认知 073
三、善用STEPPS法则，赋予IP影响力 075
四、匹克：借助"运动＋科技"扩展IP边界 078

第四节 强强联合：双IP的巨大魅力 079
一、与定位、理念一致的IP联合 079
二、在内容方面多下功夫 080

第七章 构建视觉体系：让受众迅速记住品牌 082

第一节 做品牌，得会一些心理学知识 082
一、先设计一个朗朗上口的"语言钉" 082
二、"视觉锤"概念为什么会风靡营销界 084

第二节 视觉锤六大要素 085
一、图形：简单、容易识别 085

二、颜色：冲击感、独特 086
三、产品：具象化、展现个性 088
四、包装：与众不同 089
五、动态设计：信息丰富、感染力 090
六、动物拟人化：亲切感、精神内涵 090

第三节 新消费时代，视觉体系必须升级 091
一、打造视觉锤等式 091
二、视觉体系升级要点：关注用户认知 092

第八章 强化自传播属性：低成本打造超级品牌 094

第一节 将用户升级为传播者 094
一、梳理用户的四种角色 094
二、找到让用户"尖叫"的引爆点 096

第二节 AISAS模型：形成自传播闭环 096
一、注意：集中曝光信息 096
二、兴趣：颜值和体验是两大王牌 097
三、搜索：引导用户主动搜索 098
四、行为：激发用户购买 099
五、分享：反复分享带来高转化率 099

第三节 如何让自传播行之有效 100
一、自传播必须满足四个前提 100
二、推动自传播的八种技巧 101

第九章 设计顶尖文案：从情感上打动用户 103

第一节 顶尖文案就是"真金白银" 103
一、切勿忽视文案的价值 103
二、文案必备四要素 103
三、常见的六种文案 105

第二节 如何创作顶尖文案 107
一、搜集高质量、有价值的素材 107
二、提炼价值：行业价值＋社会价值 108
三、为文案设计一个主题 109
四、选择合适的风格 110

第三节　文案写得好，品牌能大火　　110
　　　　一、"不官方"的文案更受欢迎　　111
　　　　二、在文案中体现产品的核心优势　　112
　　　　三、戳中泪点、笑点与痛点　　113

第十章　规划营销活动：以创意吸引用户关注　　115

　　第一节　营销活动设计流程　　115
　　　　一、市场调查：了解用户需求　　115
　　　　二、用户分析：了解用户特征　　116
　　　　三、打造营销闭环　　118
　　第二节　新消费时代的营销思路　　119
　　　　一、创意营销：营销效果事半功倍　　119
　　　　二、整合营销：交互带来品牌价值　　120
　　　　三、游戏化营销：提升用户体验　　121
　　　　四、口碑营销：让口碑影响用户决策　　123
　　第三节　如何将营销活动玩出花样　　124
　　　　一、进军直播带货领域　　124
　　　　二、虚拟代言人释放营销潜力　　128

第十一章　打造新媒体矩阵：掌握营销制胜之道　　131

　　第一节　新媒体平台大盘点　　131
　　　　一、微博平台　　131
　　　　二、微信平台　　132
　　　　三、新闻平台　　133
　　　　四、直播平台　　134
　　　　五、知识型平台　　136
　　第二节　如何打造自媒体矩阵　　137
　　　　一、从打造自己的自媒体账号入手　　137
　　　　二、多平台策略：传播范围最大化　　139
　　　　三、内容足够优质，品牌才能出圈　　140
　　　　四、及时收集用户的反馈，加强沟通　　141

第十二章 撬动品牌杠杆：启动品牌增长新引擎 144

第一节 如何应用品牌杠杆 144
一、选择正确的方法 144
二、单一品牌策略 VS 多元化品牌策略 145

第二节 品牌杠杆四要素 146
一、原产地和其他地理区域 146
二、分销渠道 147
三、许可授权 147
四、名人或专家背书 148

第十三章 维持品牌活力：无限拉长生命周期 149

第一节 细分市场与跨区域发展 149
一、设计市场细分策略 149
二、多品牌战略风险降低 150
三、西贝集团：愿景支撑长远发展 151

第二节 品牌延伸：规模增长的秘密 153
一、为什么品牌必须延伸 154
二、如何做好品牌延伸 155
三、安踏：多元品牌延伸之路 157

基础篇
品牌营销实战技巧

第一章

重塑品牌价值：新消费时代的品牌观

在线上线下加速融合、社交网络和新媒介驱动消费的新消费时代，如何凸显品牌价值，为品牌注入新活力，成为品牌发展的必修课，而重塑品牌价值成为推动品牌发展的重要抓手。

第一节 "拯救"传统营销模式

许多企业在发展过程中往往长期使用传统的营销模式，以市场为导向进行品牌营销，付出高昂的成本来满足市场的个性化需求。为了适应不断变化的市场环境，企业需要升级营销理论，打造新的营销模式。只有这样，企业才能够在营销之战中立于不败之地。

一、4P营销理论亟待升级

4P营销理论是营销学专家杰罗姆·麦卡锡提出的四大营销组合策略，包括以下四个方面，如图1-1所示。

产品（Product）	价格（Price）
渠道（Place）	促销（Promotion）

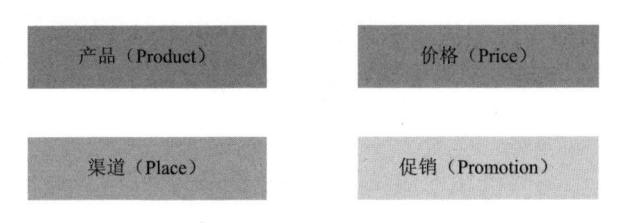

图1-1　4P营销理论的四个方面

1. 产品（Product）

这里的产品不仅包括物质形态的产品，还包括内容、服务、信息等非物质形态的产品。企业需要寻找能让产品在市场中脱颖而出的方法，吸引更多用户。除了研究产品特性、做好用户定位外，企业还需要根据用户需求变化不断改进产品，使产品持续满足用户需求。

2. 价格（Price）

企业需要思考应该怎样为产品定价，产品的市场定位不同，采取的定价策略也应不同。如果产品的定位是让更多用户用得起的平价产品，那么产品定价就不宜太高，这类产品在刚进入市场时，可以通过低价策略迅速抢占市场。此外，企业也可以从数据出发，对竞品价格、市场同类产品的平均价格、产品价格趋势等数据进行分析，从而确定产品定价。

3. 渠道（Place）

在渠道方面，企业需要思考可以通过什么渠道让产品触达目标用户。在线上渠道方面，企业需要思考目标用户在哪些平台比较活跃、怎样搭建完善的线上营销矩阵等；在线下渠道方面，企业需要思考打通哪些城市以及城市中的哪些营销渠道等。

4. 促销（Promotion）

促销可以帮助企业拉新，使企业获取更多商业价值。企业需要思考可以通过什么方式促销，如参加购物节活动、通过直播平台促销、通过线下广告牌宣传促销等。同时，企业也需要考虑促销的时间段、力度等。

长期以来，4P营销理论成为许多企业开展营销活动的指导法则，许多企业以4P营销理论为依托制定营销策略，在市场竞争中胜出。但随着传播媒介的更新、市场竞争的加剧，4P营销理论在指导企业营销实践方面暴露出许多问题。

例如，在产品同质化严重的当下，一些企业下调产品价格打"价格战"，以低价吸引用户，而这种低价竞争容易使企业发展陷入恶性循环，利润逐渐降低甚至亏损；再如，在很多企业都开始全方位布局营销渠道的背景下，企业难以形成独有的竞争优势。因此，在市场环境变化的当下，

4P 营销理论亟待升级。

二、新消费时代需要 4E 营销理论

新消费时代，营销理论需要重新构建：要打造高价值的产品；价格要有吸引力；渠道不仅可以连接用户与产品，还可以传递更多信息。在此基础上，4E 营销理论应运而生。

4E 营销理论将 4P 营销理论中的四大要素进行了更新，将产品替换为体验（Experience）、价格替换为交换（Exchange）、渠道替换为无处不在（Everyplace）、促销替换为布道（Evangelism）。

1. 体验（Experience）

当前，产品差异化带来的竞争优势维持的时间越来越短。例如，某机构发布了一款全新的金融产品，其竞争对手只用一个月的时间就能够打造出相似的金融产品。而要想实现产品差异化，企业需要付出大量的人力、财力。在这种情况下，企业将营销重点从产品差异化转移到用户体验上，无疑是明智的选择。

2. 交换（Exchange）

价格只是一个标签，相比之下，产品的价值更吸引用户，并且，产品的价值是因人而异的，这就给了企业很大的发挥空间。企业需要挖掘用户关注的价值点，并表明用户通过交换能够获得怎样的产品价值。

3. 无处不在（Everyplace）

以往，企业往往只关注线下店铺、线上官网等主要营销渠道，事实上，营销是无处不在的。微博、抖音、小红书等社交平台都可以成为品牌营销的阵地；短视频、直播等都可以成为品牌营销新玩法。哪里聚集着品牌的用户，品牌营销就需要覆盖到哪里。

例如，小红书作为新晋的"种草"平台，聚集了大量拥有购买能力的年轻用户，已经成为新的品牌营销阵地。例如，世界著名的某珠宝品牌选择在小红书上开展营销活动。该品牌在小红书商店开设了快闪店，不仅上架了许多经典饰品，还推出了"520"限量款项链。同时，该品牌还在小红书进行了笔记"种草"和直播，有效增加购买渠道，用户可以在浏览笔

记或者观看直播时一键购买商品。此外，该品牌还采取发布开屏广告、"晒晒我的×××"话题分享活动、社区笔记等方式进行品牌营销，拓展营销边界，使营销无处不在。

4. 布道（Evangelism）

促销是一种短期的营销手段，虽然有效但对用户的影响并不长远，企业需要站在更高视角，进行更加长远的"布道"。很多品牌都有一个深入人心的理念，例如，小米坚持"为发烧而生"的产品理念。品牌理念设计就是一种更高层次的布道行为，能够让品牌赢得更多用户的认同，更深刻地影响用户的购买决策。

三、西贝是如何创新营销模式的

主打西北菜的西贝莜面村是西贝餐饮旗下的主品牌，自诞生以来广受好评，西贝莜面村也因此发展壮大。西贝莜面村官方数据显示，截至2023年1月，西贝莜面村全国店铺数量达到355家，覆盖全国58个城市。

对于一个餐饮品牌来说，一时爆红并不难，难的是长久的发展。西贝莜面村是怎样做到的？这离不开其对营销模式的创新。西贝莜面村营销模式的创新主要体现在以下几个方面：

1. 打造爆品

西贝莜面村十分擅长打造爆品，并且能够持续打造爆品，陆续推出了西红柿浇汁莜面、西贝面筋、黄馍馍等多款爆品，其推出的黄馍馍口感松软、甜而不腻，曾在试销售时两天售出1.7万个。

2. 为店内菜单"瘦身"

在菜品方面，西贝莜面村创始人坚持"好吃"战略，力求推出的每道菜都做到"闭着眼睛点，道道都好吃"。为了执行这一战略，西贝莜面村对菜单进行了"瘦身"，将原来逾百道菜品精简到45道，实现了菜单的"少而精"。菜品精简后，制作更加标准化，每道菜的品质也得到了保障。此外，西贝莜面村还推出了"不好吃免费退"方案，力求为顾客带来更好的用餐体验。

3. 线上精准化营销

在线上营销方面，西贝莜面村对目标受众进行了仔细分析，如年龄段、兴趣爱好、社交方式等，从而了解目标受众是通过什么平台获取信息的。此外，针对目标受众频繁使用的微信、知乎、今日头条等平台，西贝莜面村也制定了不同的营销策略。

例如，在微信上，西贝莜面村通过微信公众号、微信朋友圈等与目标受众互动，传递营销信息；在知乎上，西贝莜面村将品牌营销信息与餐饮知识结合起来进行营销，满足了平台用户的学习需求；在今日头条上，西贝莜面村将品牌营销信息与娱乐新闻相结合，吸引平台用户的目光。

通过多种营销策略的结合，西贝莜面村不仅吸引了越来越多用户的关注，还将用户转变成自己的粉丝，获得强大的发展助力。

第二节　好的品牌名称是什么样的

在品牌命名方面，企业需要思考好的品牌名称是什么样的。一般来说，好的品牌名称需要足够简单、能够让用户产生正面联想，并且与产品、用户或企业经营相关联。

一、简单、容易记住

简单、容易记住是品牌命名的重要原则。只有品牌名称足够简单，才能够让更多用户记住，并在消费时想到。一方面，简单的品牌名称更便于用户理解品牌含义，加深对品牌的认知；另一方面，简单的品牌名称更便于用户记忆，便于品牌传播。

例如，著名零食企业旺旺的品牌名称便很简单、响亮。旺旺最初是一家小型企业，主要从事炒米业务。随着旺旺的逐步发展，其朝着零食市场转型，相继推出了"泡芙""小馒头""维多粒"等产品，成为中国零食市场的佼佼者。旺旺的创始人一开始将公司的英文名定为"one（by）one"，寓意"吃完一片再吃一片"，并将中文名定为"旺旺"，寓意"日日为王"。旺旺这个名字既容易记忆，有利于提高用户对产品的认知，又能增强品牌的亲和力和活力。同时，还表达创始人想要表达的含义——生意蒸蒸日上。旺旺的名字可以算作命名的经典。与其相似的还有可口可乐、娃哈哈等。一个响亮、简洁的名字，可以为品牌营销带来事半功倍的效果。

很多企业用常见的动物、植物名称为品牌命名，因为这些动物、植物名称是早已植根于用户心中的，能够降低用户对品牌产生认知的难度，这个类型的品牌包括天猫、飞猪、搜狗等。此外，还有一些品牌的名称为叠词，也能够降低用户对品牌产生认知的难度，便于用户记忆，这个类型的品牌包括钉钉、脉脉、当当等。

品牌名称简单好记并不意味着可以随意为品牌命名，简单的品牌名称也能够体现品牌的理念、产品特色等。例如，当当这一品牌名与其"敢做敢当"的理念相契合；脉脉这一品牌名与其社交应用的定位相契合。

为了符合简单、容易记住的品牌命名要求，企业在为品牌命名时应避免使用生僻字，切不可为了凸显品牌的个性而使用生僻字为品牌命名。

二、让用户产生正面联想

在为品牌命名时，企业还需要注意品牌名称要能够让用户产生正面联想。正面联想除了能够提升用户对于品牌的好感度外，还能够加速品牌传播。

以汽车品牌为例，不少汽车品牌的命名都十分成功，既能够让用户产生正面联想，又能够凸显产品特色。宝马的命名就十分成功，能够让用户联想到名驹汗血宝马，从而能够快速记住品牌，并加深对品牌的认知。而奔驰的命名不仅与其外文名 Benz 的发音十分接近，还描绘出了汽车风驰电掣的场景，也是一个十分成功的命名。

在汽车领域，可研究的案例也有很多。例如，DS 是一个主打豪车产品的法系品牌，以法语 Déesse（女神）的缩写 DS 命名。对于法国人来说，这个品牌名称或许不错，但是对于我国用户来说，DS 的意义并不好理解，难以让用户产生正面联想。

除了汽车品牌之外，其他品类品牌的命名也需要让用户产生正面联想。例如，飘柔这个洗发水品牌就能够让用户联想到使用完产品的良好效果；百果园这个品牌就能够让用户联想到店铺里丰富的水果。这种命名都能够增加用户对于品牌的好感度。

三、与产品、用户、企业经营相关联

好的品牌名称需要具有一定含义，体现品牌的内涵。一般来说，品牌名称需要与产品、用户或企业经营相关联，这也是品牌命名的三大方向，如图 1-2 所示。

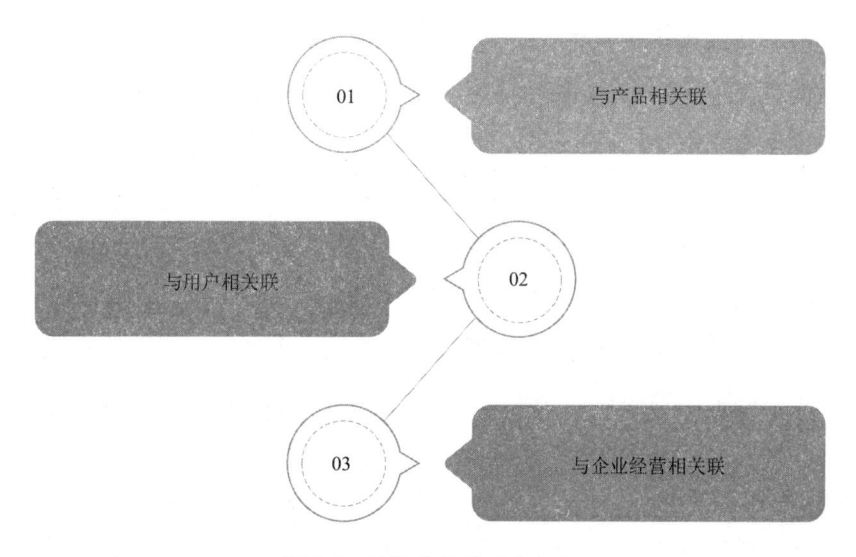

图 1-2　品牌命名的三大方向

1. 与产品相关联

从产品出发，企业可以从产品功能、产品属性等方面入手为品牌命名。

（1）产品功能方面：即在品牌名称中体现产品功能，引发用户联想，这类品牌包括汰渍、立白、舒肤佳等。

（2）产品属性方面：即在品牌名称中体现产品品类，让用户从名称就可以了解品牌是经营什么产品的，这类品牌包括农夫山泉、泉阳泉等。

2. 与用户相关联

从用户出发，企业可以从用户体验、用户形象、消费场景等方面入手

为品牌命名。

（1）用户体验方面：即用品牌名称描述用户使用产品时的体验，从而给用户带来美好联想，这类品牌包括喜茶、百事可乐、乐事等。

（2）用户形象方面：即在品牌名称中描述用户的形象，这类品牌包括健将、太太乐、淑女屋等。

（3）消费场景方面：即用品牌名称展示产品的消费场景，让用户感知产品适合在什么场合使用，这类品牌包括酸奶品牌"餐后一小时"、咖啡品牌"三顿半"等。

3. 与企业经营相关联

从企业经营出发，企业可以从企业理念、企业创始人、历史文化等方面入手为品牌命名。

（1）企业理念方面：即以品牌名称表达企业理念。例如，和睦家医疗这个品牌，就通过"和睦家"这三个字表达自己的医疗服务理念。

（2）企业创始人方面：很多品牌会根据创始人的名字进行命名。例如，理想汽车品牌名称源于其创始人的名字——李想，永璞咖啡的品牌名称源于其创始人的名字——侯永璞等。

（3）历史文化方面：即品牌名称源于企业发展标志性时间、地点等。例如，啤酒品牌1664的品牌名称源自其酿造的标志性时间。1664年，酿酒大师哈特创办了自己的啤酒厂，首次酿造出1664这款啤酒。1664以这个时间作为品牌名，也是在致敬这段历史。

总之，在进行品牌命名时，企业可以从以上三个角度切入，设计合适的品牌名称。

第三节　整合品牌资产，提升品牌价值

品牌资产能够赋予产品或服务附加价值，从而提升品牌价值，因此，企业需要整合品牌资产，提升品牌价值。品牌资产包括品牌知名度、品牌声誉、品牌联想等，这些都是企业在整合品牌资产时可以切入的角度。

一、品牌知名度：让用户认识品牌

品牌知名度可以让用户认识品牌，让他们在消费时能够想到品牌，是重要的品牌资产。例如，提起功能性饮料，很多人都会想到红牛、东鹏特饮等。品牌知名度可以分为三个级别：

第一个级别是用户能够识别品牌，能够在看到某一品牌时，意识到自己之前听说过这一品牌，或能够认出这一品牌，此时的品牌知名度虽然不高，但是能够在用户选择商品时起到重要作用。第二个级别是用户能够回想起品牌，即在需要购买产品或在聊天情境中能够想到品牌，这样的品牌在用户心中有更高的地位和知名度。第三个级别是当提到某一产品或在购物时，用户能够优先想到某一品牌。有了脑海中首先浮现出的品牌，很多用户在购物时都不会考虑其他品牌。品牌达到这样的知名度，才会拥有更多忠实用户。

品牌知名度会随着时间的变化而衰变。例如，A 品牌曾经是功能性饮料市场中的头部品牌，许多用户想要购买功能性饮料时都会想到该品牌。后来，B 品牌异军突起，以集中宣传、海量曝光等方式占据了部分市场。此后，B 品牌持续进行品牌营销，陪伴了一代人的成长，而 A 品牌在品牌营销方面的投入力度很小。长此以往，B 品牌就会在知名度上超越 A 品牌，成为越来越多用户购买功能性饮料的第一选择。

如何打造或提高品牌的知名度？企业可以从以下几个方面入手进行布局，如图 1-3 所示。

01 打造一个响亮的口号
02 通过标志宣传
03 通过广告宣传
04 品牌绑定品类

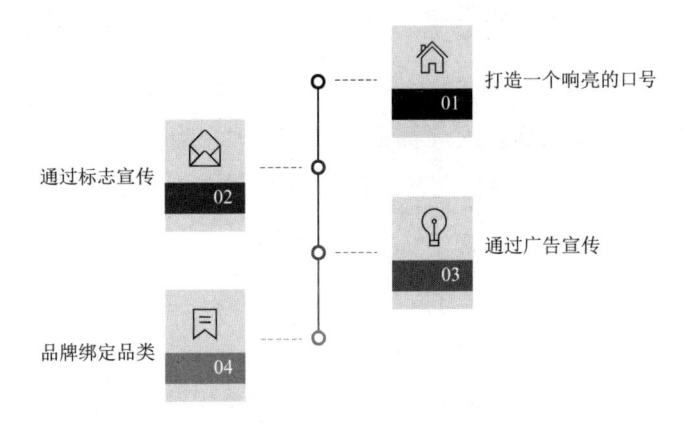

图 1-3 打造或提高品牌的知名度的方法

1. 打造一个响亮的口号

响亮的口号可以大幅提升品牌宣传的效果，提升品牌知名度。例如，"今年过节不收礼，收礼只收脑白金""恒源祥，羊羊羊"等口号都能够加深人们对于品牌的印象，使品牌深深植根于人们的脑海中。

2. 通过标志宣传

许多品牌都有一个典型标志，如奥迪的四环标志、肯德基的戴眼镜老者形象等，这些标志与品牌密切相关，能够以独特的视觉形象让用户产生品牌回想。

3. 通过广告宣传

广告宣传是提升品牌知名度的常用方法之一，常用的方式包括投放电视广告和线下广告牌广告、邀请 KOL（key opinion leader，关键意见领袖）宣传、邀请明星代言、赞助综艺节目和赛事活动等。

4. 品牌绑定品类

品牌绑定品类可以让用户在想到某个品类时，就会想到某一品牌。例如，提到可乐，很多人都会想到可口可乐；提到无糖饮料，很多人都会想到元气森林。

企业需要通过以上方式进行持续的品牌宣传，提升并维护品牌知名度。

二、品牌声誉：让用户"爱上"品牌

品牌声誉是企业重要的无形资产，当企业拥有较高品牌声誉时，用户对于品牌的信任度、喜爱度等都会提高。同时，当企业的发展遭遇困难时，良好的品牌声誉能够为企业背书，帮助企业渡过难关。

1. 影响品牌声誉的因素

（1）产品与服务。要想打造良好的品牌声誉，企业就要有优质的产品与服务。例如，新茶饮品牌喜茶通过"芝士＋奶盖"的创新，受到了许多用户的青睐，与许多用户建立了情感连接，塑造了年轻化的品牌形象。

（2）财务表现。许多企业都会定期公布年度或季度财务报表，良好的财务数据能够使品牌赢得更多用户的信任，提高品牌声誉。

（3）企业文化。很多企业都有关爱员工、共同进步的企业文化，企业关爱员工的工作和生活，尊重并信任员工。在这样的企业文化下，员工会保持对工作的热情，并将热情传达给用户，最终提高品牌的声誉。

（4）社会责任。愿意担负社会责任的企业往往有更好的声誉。很多企业热心公益事业、积极进行节能减排改造等，这些承担社会责任的行为都能够提升品牌声誉。

（5）情感互动。加强品牌与用户的情感互动也能够提升品牌声誉。例如，为过生日的用户赠送生日礼物或提供购物折扣；通过创始人演讲、直播等形式与用户互动；邀请用户参与产品设计、新品体验等。这些增进品牌与用户之间感情的行为都能够提升品牌声誉。

以上是企业打造品牌声誉时需要重点关注的几个方面，不需要面面俱到，企业只需要做好其中的两三项，就能够建立很好的品牌声誉。

2. 维护品牌声誉

在建立起品牌声誉后，还需要对品牌声誉进行长期维护，在这个过程中，企业要注意两个方面：

一方面，企业在进行品牌营销时要真诚，切忌为了博取用户一时的关注而向用户作出难以兑现的承诺。如果企业对用户作出了承诺，但在日后难以达成，就会损害品牌声誉。最好的办法是企业先决定怎样做，并将事情做好，再进行集中宣传。

另一方面，企业在进行品牌声誉维护时要有全局观。企业的发言人不仅限于企业创始人、公关团队等，企业里的任何一个人，如销售人员、客服人员等的行为都会影响品牌声誉，因此，企业需要组建一个把控流程的部门，保证对外传播的信息具有一致性。

此外，在社交媒体繁荣发展的现在，一张对话截图、一次客户投诉等都有可能在社交媒体中广泛传播，成为企业的负面新闻。企业需要建立社交媒体监测机制，及时发现媒体中对品牌不好的舆论，并第一时间处理好问题，尽可能快地降低不良事件对品牌声誉的影响。

三、品牌联想：影响用户的消费决策

品牌联想包含了用户对于品牌的认知和理解，是用户品牌认知体系中与品牌相关信息的结合点。对于一个品牌，用户联想到的可能是一个符号、一句理念、一款代表性产品等。

例如，对于华为这个品牌，用户可能会联想到中国制造、手机、爱国等；对于格力这个品牌，用户可能会联想到董明珠、空调、高质量产品等。品牌联想会影响用户的消费行为，对于用户的消费决策有一定的引导作用。

品牌联想可以细分为多个方面，如属性联想、利益联想、态度联想等。其中，属性联想指的是对产品或服务属性的联想。例如，用户想到某个化妆品品牌时，可能会联想到该品牌的代表性产品、个性的产品包装、产品的使用感受等。利益联想指的是用户联想到品牌能够为自己带来的价值。例如，用户会思考某品牌的产品能够使他们获得哪些利益、是否值得购买等。态度联想指的是用户对品牌的整体评价，是用户对品牌整体服务质量的衡量。提供高品质产品、优质服务的品牌往往能够让用户产生正面的态度联想。

要想让用户产生积极、正面的品牌联想，企业需要做好以下几个方面：

1. 保证产品的品质

产品品质是企业的生命线。企业必须注重产品品质，打造优质产品，让用户在想到自己的品牌时产生质量有保证、经久耐用、安全无害等正面联想，以引导用户作出消费决策。如果企业不重视产品品质，就失去了营销的基础，容易让用户对品牌产生负面联想。

2. 重视品牌理念对用户的影响

品牌理念对用户的消费决策有很大影响，能够体现用户对品牌的喜爱度和忠诚度。独特的、受到用户认同的品牌理念能够加深用户与品牌的连接，影响用户的消费决策。因此，企业需要明确自己的品牌理念，并通过独特的产品设计、对用户的情感关怀等践行品牌理念，传递品牌的情感价

值，让用户联想到品牌是有温度、有人文关怀的，以情感连接提高用户对于品牌的忠诚度。

3. 打造口碑，创造社会认同感

当一个品牌在市场中建立了比较好的口碑后，就能够吸引更多用户。而用户在想到品牌时，也会联想到该品牌拥有广泛的用户基础，在选择该品牌时会获得社会认同感。正面的社会认同联想能够使企业获得更多回头客，提高用户对于品牌的忠诚度，因此，企业需要意识到社会认同感的巨大辐射作用，重视品牌口碑打造，以良好的口碑吸引更多用户，为用户创造社会认同感。

第二章

绘制用户画像：迅速了解并赢得用户

用户画像是当前大数据时代品牌营销的重要基础。用好用户画像，企业就能找准自己的目标用户群体，实现精准的品牌营销。企业需要绘制完善的用户画像，明确用户范围与特征，为品牌营销奠定基础。

第一节　用户画像解析

在绘制用户画像之前，企业首先需要对绘制用户画像足够重视，并了解绘制用户画像的优势，并掌握绘制用户画像的法则。

一、绘制用户画像的三大优势

在大数据时代，企业可以从海量的数据中提取有价值的信息，指导产品生产、品牌营销等。而绘制用户画像，可以帮助企业对用户行为进行预测，从而进行科学的经营决策。具体来说，绘制用户画像的优势主要表现在以下三个方面：

1. 绘制用户画像有利于企业明确产品研发方向，优化用户体验

在传统的商业模式中，许多企业都是粗放生产、粗放经营，导致许多产品滞销；另外，这种闭门造车的生产方式，往往会使研发出来的产品根本吸引不了用户，满足不了用户的需求。

在移动互联网时代，用户至上，产品研发要以用户的需求为导向。研发人员应通过各种渠道收集目标用户的数据，然后对数据进行整理和分析，精准描绘用户画像，确立目标用户的喜好和需求，从而设计出能够满

足用户需求的产品，提升用户体验，让用户满意，这样，产品才能有更多盈利。

2. 绘制用户画像便于进行精准化营销，使产品有针对性

用户画像越精准，企业和用户之间的联系就越密切，营销效果就越好，同时也能为企业节约大量的成本。

大数据时代，借助科学技术成功实现精准营销的案例不胜枚举，最典型的莫过于电商经营。例如，淘宝电商利用 SEO（search engine optimization，搜索引擎优化）技术，有效推广产品；借助智能推荐技术，根据用户以前的购买行为进行商品推荐，提高营销效率。

要做到精准营销，数据是重中之重。企业应一切围绕数据说话，根据数据梳理用户标签，绘制用户画像，然后对用户进行划分，针对各种类型的用户采取相对应的营销方式。

3. 绘制用户画像便于深入挖掘数据

企业可以根据用户对一款产品的喜爱程度，推断其对另一个相关联产品的喜爱程度，从而促进两款产品的销售。

例如，某超市的"啤酒和尿布"的营销案例让很多企业打开了营销新思路。20 世纪 90 年代，某超市将啤酒和尿布放在一起销售，效果很好，两种商品的销量都增加了。不少人都会对这一组合感到困惑，因为从表面上看，啤酒和尿布没有一点关系，其实，这一销售组合是有合理性的。

经过数据分析发现：很多男性在购买尿布的同时会购买啤酒。因为父亲在超市为孩子购买尿布时，往往会顺便购买一些啤酒，这样啤酒与尿布就产生了关联。

因此，企业需要重视用户数据，基于用户数据绘制完善的用户画像，对用户行为和需求进行分析，制定科学的营销方案。

二、PERSONAL 法则：从基本性到长久性

在绘制用户画像时，企业要遵守 PERSONAL 法则。PERSONAL 法则指的是绘制用户画像需要关注的八个要素：

P 指的是基本性（primary）：用户画像是用户特征的概括与总结，如

年龄、收入、职业等。绘制用户画像时,企业要抓住用户的核心特征,不在细枝末节上浪费过多时间。

E指的是经济性(economic):企业绘制用户画像要以提升经济效益为出发点与落脚点。

R指的是真实性(realistic):用户画像要基于用户的真实信息和数据绘制。

S指的是独特性(singular):企业要找到用户群体的独特性,了解用户群体的特质。独特性是目标用户群体区别于其他用户群体的主要特征。

O指的是目标性(objectives):用户画像最终是为了服务于品牌和产品,帮助企业提升品牌曝光度和产品销量,因此,绘制用户画像要以品牌或产品为核心。

N指的是数量性(number):在绘制用户画像时,企业采集的数据要足够多。数据越多,用户画像越精准,反之,则参考价值较小。

A指的是应用性(applicable):通过绘制用户画像,企业不仅能够为不同用户提供个性化服务,实现精准营销,还能够获得新产品开发思路,因此,企业在绘制用户画像时要注重应用性,以使其发挥最大价值。

L指的是长久性(long):用户画像不是一个一次性工具,它能在企业运营过程中反复使用。企业要随着市场形势的变化,对用户画像进行调整,使其持续发挥作用。

基于PERSONAL八要素,企业可以绘制精准、清晰的用户画像,并进一步优化用户体验,实现精准营销,提高决策效率。

第二节　如何绘制用户画像

在绘制用户画像时,企业需要明确划分用户的要素,建立用户标签,根据用户标签对用户进行层次化分类,并明确用户画像的应用范围。

一、划分用户的四大要素

在绘制用户画像时,企业需要根据不同要素对用户进行分类,以了解用户构成。具体而言，企业可以根据以下要素对用户进行划分，如图 2-1 所示。

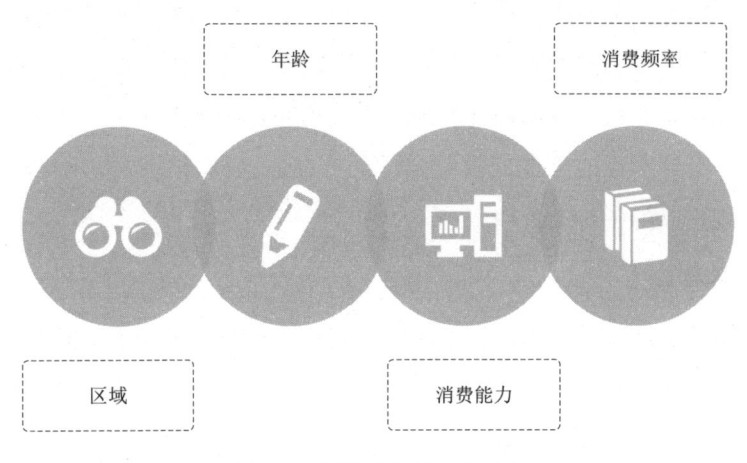

图 2-1 划分用户的四大要素

1. 区域

我国幅员辽阔，不同的区域，生活习俗、语言风格以及经济水平都不一样。根据地理方位，我国可以分为七大地理区：东北、华北、华中、华东、华南、西南和西北，因此，企业的目标用户也应该有区域的划分。

区域还可以按照城市、乡镇、农村进一步细分，其中，城市可以划分为一线城市、二线城市、三线城市等。城市用户与乡镇用户、农村用户的消费观念与消费能力有明显的不同，企业在进行用户运营和品牌营销时，一定要充分考虑这一要素。

2. 年龄

根据用户的年龄差异，企业可以快速进行用户划分。用户年龄不同，需求也就不同，以用户对音乐的需求为例，"80 后""90 后""00 后"喜欢听的歌都不一样。基于不同年龄段用户对音乐需求的不同，企业可以将用户进行划分，从而进行更科学的用户管理。

例如，网易云音乐成为广受年轻用户喜爱的音乐 App，与其独特的推荐功能密不可分，它的智能推荐虽然主要是依据歌曲的类型进行划分，但也会参考年龄的因素。年龄较大的用户喜欢听经典老歌，于是智能推荐系统就会每天为他们推荐多样的经典老歌;"00后"喜欢听酷炫、潮流的歌曲,智能推荐系统会为他们推荐流行、时尚的新曲。

网易云音乐的成功之处在于,它能够满足不同年龄段群体对音乐的不同需要,能够做到老少皆宜,所以它的市场占有率较高。

因此,企业在进行用户管理和品牌营销时,一定要综合考虑用户的年龄特征,有针对性地向他们推荐合适的产品,这样才能提高用户满意度,最终实现产品的销售和盈利。

3. 消费能力

消费能力通常代表用户能承受的最高商品价格。高消费人群使用的产品大都是比较高端的产品,他们追求产品的品质、档次、知名度等,他们的消费观念比较前卫,消费能力也比较强。对于这类人群,企业在进行用户运营时,要注重宣传产品的特色、品牌的文化底蕴等。

消费能力低的人群一般青睐物美价廉的产品,因此,企业在针对此类人群进行用户运营时,要注重强调产品的实际功效和性价比,这样,消费能力低的用户才会觉得实惠。常见的运营措施是打折促销、买一送一、节假日优惠、限时优惠和会员营销等。

4. 消费频率

企业也可以通过分析用户的消费频率对用户进行划分。具体而言,根据用户消费频率的高低,企业可以将用户划分为初级用户、普通用户、高级用户,用户的级别不同,企业采取的运营策略也应不同。

对于初级用户,企业可以使用会员制度来提高其活跃度和消费频率,让他们对产品、品牌产生好感。

对于普通用户,企业可以建立等级制度,高等级对应高荣誉值和更大的优惠力度。

对于高级用户,企业要给予充分的尊重。企业要积极与他们互动,满足他们的情感需要;要给予他们一些特权,让他们在普通用户中成为意见领袖。同时,对于高级用户吸引来的新用户,企业也要适当给予物质奖励,从而促使用户运营实现良性循环。

二、用户标签：全方位了解用户

在绘制用户画像的过程中，企业需要对用户进行细分，而用户标签就是一个对用户进行细分的有效工具。通过给用户贴标签，企业能够概括用户的主要特征。

构建用户标签离不开丰富的用户数据。从基础方面来看，用户数据包括性别、年龄、职业、收入、地区、使用的设备、会员、等级等；从行为方面来看，用户数据包括访问渠道、访问频次与时长、浏览内容、关注、收藏、评价、分享等；从消费方面来看，用户数据包括消费金额、日期、频次、品类、品牌、地区、支付情况、售后情况等。

根据多样的用户数据，企业可以把用户标签分为以下四类，如图2-2所示。

属性标签	统计标签
模型标签	预测标签

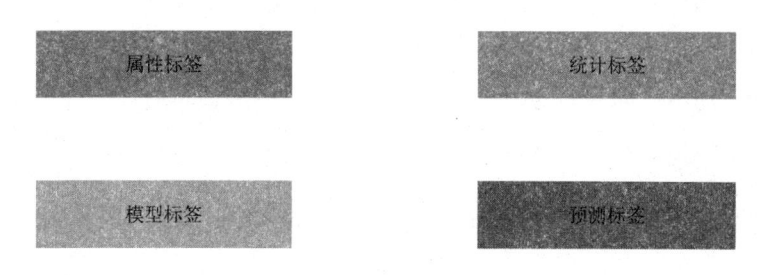

图2-2 用户标签分类

1. 属性标签

属性标签是指从用户的基础数据中直接提取的标签，如性别、地区、职业等。由于属性标签有宽泛性、大众性等特征，因此在具体的应用场景中，它往往需要与其他类型的标签结合起来应用。

2. 统计标签

统计标签是对用户数据进行分类后，再根据一定的标准对其进行统计分组，从而直接体现用户特征。例如，消费金额为3万元、消费活跃时间在最近7天内等，就是根据用户数据总结的用户特征。在实际应用过程中，统计标签往往是直接建立的，而且大多会在验证分析后演变为模型标签。

3. 模型标签

模型标签是指抽象化的用户数据，如多次购买相关设备的摄影爱好者、数码爱好者、绘画爱好者等。模型标签大多与产品的特征符合，能够更直观地体现用户的消费习惯和消费偏好。

4. 预测标签

预测标签是基于用户数据对用户的消费行为进行预测，如母婴用品潜在用户、流失风险较高的用户等。预测标签是通过算法模型建立起来的，需要大量的数据积累。

从业务视角出发，用户标签还包括四个维度：生命周期标签，如忠实用户、首购用户等；用户价值标签，如高价值用户、低价值用户等；活跃特征标签，如夜间活跃用户、促销活动活跃用户等；用户偏好标签，如鞋服或手机用户等。

用户标签能够实现对目标用户群体的分类和概括，为用户画像绘制提供依据。在用户标签的基础上，企业可以对不同标签的用户进行细化的描述，完善用户标签的内容。

三、层次化分类：串联信息、绘制用户画像

在建立了多元化的用户标签后，通过串联这些用户标签信息，企业可以对用户进行层次化分类，得到用户画像的核心特征，从而绘制用户画像。在这个过程中，企业需要注意以下两点：

第一，考虑每个变量两端的"极端信息值"。绘制用户画像的过程就是在众多的目标用户中找到具有代表性的用户。所谓有代表性的用户指的是在其拥有的核心特征中，某个或多个特征属于"极端需求"。产品设计覆盖了这部分用户的极端需求，相当于找到了设计的边界，能够保证产品对于目标用户的价值。而需要注意的是，很多设计人员在设计时能注意到"高信息值"边缘，却注意不到"低信息值"边缘。也就是说，产品可以覆盖专家用户的边缘需求，却无法覆盖"小白"用户的边缘需求。因此，企业在绘制用户画像时，要考虑两端的"极端信息值"，即找出"极端专家用户"和"极端'小白'用户"。

第二，合理地连接用户行为集中的信息值。有代表性的用户就是有一定群众基础的用户，即数量占比大的用户群体，因此，企业在将连接的信息值还原为生动的用户形象时，也需要考虑信息值对应的特征下用户的数量，以防连接出来的只是一个架空人物，现实生活中根本不存在这类用户。

下面以某企业对美食爱好者的行为研究为例，分析如何绘制用户画像。

该企业通过调研，收集了丰富的美食爱好者的行为特征，选取了"美食消费观""美食社交倾向""美食热衷度""美食主见度"作为影响用户差异化行为的关键标签，并将这四个维度收集的信息进行了分类汇总。

通过对以上信息的串联，该企业绘制了完善的用户画像，将用户分为以下三类：

第一类用户将"吃"作为了解世界的窗口，对食物抱有尊敬的态度，愿意不惜代价去搜寻美食；同时他们还认为，研究"吃"、享受"吃"、回味"吃"是私人的事情，因此他们很少主动与别人分享美食，但会自己花很多时间去研究、探索、记录美食，并享受这个过程。

第二类用户对"吃"的动力来源于分享时的成就感，他们谈论起美食总是头头是道，对哪个餐厅打折、哪里有新餐厅开业这类信息了如指掌，会主动为朋友推荐。有时，他们不满足于只分享给身边的朋友，还会在社交媒体上分享他们对美食的见解，甚至可以凭借"吃"的本领，成为网红、美食 KOL。

第三类用户有着强烈的社交属性，但与第二类用户不同，他们只是美食的追随者，自己缺乏主见，身边一般聚集一群有主见的朋友。因此，每当他们有"吃"的欲望时，就会呼朋唤友，参考大家的意见。与其说美食对他们有吸引力，不如说吸引他们的是和朋友们一起享受美食的快乐时光。

这三类美食爱好者各有特色，偏好和需求不同，能够代表生活中大部分美食爱好者。该企业绘制的美食爱好者的用户画像得到了设计人员、产品经理充分肯定。在这一完善的用户画像的指导下，企业的产品设计、营销活动等都更加具有针对性。

四、用户画像的应用范围

绘制好用户画像后，企业接下来要做的就是根据用户画像进行精细化营销。用户画像可以应用在产品设计、个性化推荐、精准营销等方面，提高用户对品牌的满意度，提高用户黏性。

以京东为例，其个性化推荐系统是其成功的重要因素之一，京东的很多销售额都来自个性化推荐系统。用户在浏览 App 时，看到符合心意的商品推送，就会忍不住点进去一探究竟，从而下单购买。

除了通知栏的消息推送外，App 的开屏广告、横幅广告等都是用户接收信息的主要渠道。以用户画像为基础在这些地方投放广告，不仅能降低成本，还可以提高点击率及转化率，提升广告投放效果。

那么，企业如何利用用户画像进行精细化营销呢？下面以 App 的精细化营销为例，分析用户画像的使用方法。

互联网用户的生命周期分为五个阶段：获客期、成长期、成熟期、衰退期、流失期。不同阶段的用户具有不同的特点，企业应采取的营销策略也应不同。例如，对于获客期的用户，企业需要注重如何低成本地吸引他们；而对于成长期的用户，企业需要注重如何提升他们的黏性。

1. 获客期：找到精准人群

在 App 推广的初始阶段，企业需要选择合适的渠道投放广告。企业在这一阶段除了要做好渠道质量调研外，还要找到精准目标人群，即精准勾勒目标用户画像，然后才能扩展相似人群，找到更多潜在的目标用户。

另外，企业还要对用户质量进行评估，通过分析相关数据与用户画像的匹配程度、线下场景的集中程度、设备活跃时间是否固定等，判断目标用户的真伪，识别虚假流量和真实流量，过滤转化率低的人群，控制获客成本。

2. 成长期：做好冷启动

在 App 的成长过程中，新用户的冷启动非常关键。当新用户使用 App 后，必须让其快速找到 App 的价值，这是将目标用户转化成种子用户的关键。例如，在人际交往中，第一印象十分关键，用户第一次使用 App 也是同样的道理。

虽然 App 可以获取用户的一些基本信息，但这些数据不够客观、准确。企业可以通过第三方数据，快速了解新用户的属性和偏好，补全用户画像，及时实现 App 内用户的精准推荐。有了好的第一印象，用户会对 App 产生认同感，这对提升用户的留存率和活跃度有很大的帮助。

3. 成熟期：持续修正用户画像

在 App 的成熟期，用户增长基本已经稳定，这时，用户的活跃程度各不相同，企业要将这些用户区分开，根据用户的行为修正用户画像，向用户推送最精准的信息。对此，企业可以对用户进行分类，持续观察高活跃度的用户，整合新用户数据与已有用户数据，进一步了解用户，并通过更新内容、商品、活动等手段，探索用户的兴趣点，以便找到满足用户需求的最佳方法。

4. 衰退期和流失期：指导流失召回

在衰退期，大部分用户处于"休眠"状态。企业要想办法"唤醒"他们，重新提升他们的活跃度。企业可以描绘沉默用户的画像，预测用户的流失行为，针对不同的沉默用户进行差异化信息推送，激活沉默用户。而对已经流失的用户，企业也不能不闻不问，要做好用户去向分析和卸载用户触达，了解用户去向，在合适的渠道里再次向其推送精准的内容，尝试召回用户。

第三章

找准品牌定位：以打造差异化为核心

在市场中品牌多样、竞争激烈的当下，企业需要找准合适的赛道进行品牌营销，这也意味着，企业需要找准品牌定位，明确品牌营销的方向。在进行品牌定位的过程中，企业需要遵循头部效应，尽可能将品牌打造成行业内头部品牌。此外，企业还要聚焦品牌独特优势，打造品牌的差异化定位。

第一节　头部效应：做第一，不做第二

在营销广告中，各大品牌往往会通过"第一"的定位进行自我宣传，如全网销量第一、第一家使用某先进技术的品牌等。各大品牌之所以竞相争取在某方面取得第一，是因为人们往往对"第一"印象深刻，这就是头部效应的体现。在市场中，头部品牌往往能够吸引更多用户的注意力。企业也需要具有头部意识，尽力使品牌成为行业内第一。

一、争取比竞争对手更专业

对于品牌来说，成为某个方面的"第一"能够有效提高品牌的知名度，加深品牌在用户心中的认知。那么在竞争激烈的市场中，企业怎样才能将品牌打造成"第一"呢？企业需要瞄准竞争对手，做到比竞争对手更加专业，具体来说，主要有以下几种方法，如图3-1所示。

第三章 找准品牌定位：以打造差异化为核心

在细分市场中做到第一

在新的领域里成为第一

在竞争对手的对立面成为第一

借助第一名的力量

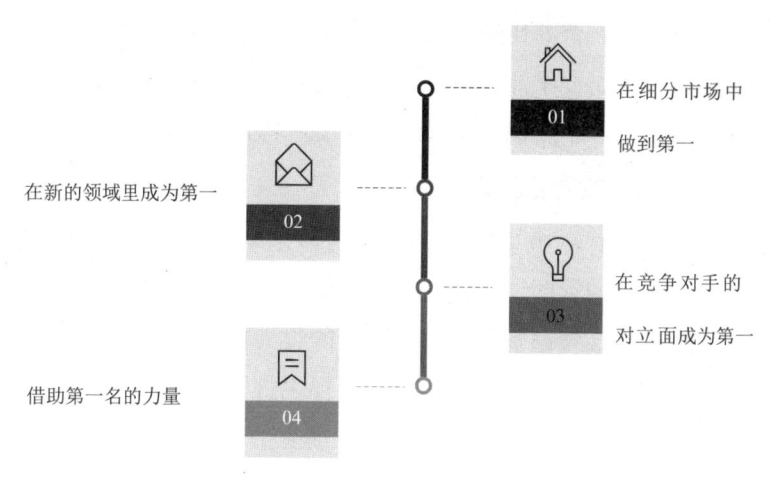

图 3-1 将品牌打造成"第一"的方法

1. 在细分市场中做到第一

新品牌刚进入市场时还很"弱小"，很难与头部品牌竞争，这时，企业要把有限的资源集中起来，先在细分领域做到第一。

谈到咖啡，很多人都会想到星巴克，但有一个连锁咖啡品牌，一出现就火爆全美，它就是蓝瓶子咖啡（blue bottle coffee）。蓝瓶子咖啡的创始人对咖啡有着极致的热爱，他不喜欢深度烘焙后再加上各式糖浆的普通咖啡，因此，他决定开一家为极致咖啡爱好者提供精品手冲咖啡的店。在手冲咖啡领域，蓝瓶子咖啡迅速占领了年轻人市场，成为领域内最具吸引力的咖啡品牌，即便是头部品牌星巴克，也在菜单中加入了手冲咖啡。蓝瓶子咖啡正是通过在细分市场做到第一，找准了自己独特的品牌定位。

2. 在新的领域里成为第一

如果某个市场尚无人开发，那么第一个进入该市场的品牌毫无疑问就是第一。市场竞争最忌讳在竞争对手的"主战场"与其对决。如果品牌不能成为某一领域的第一，那就成为另一个领域的第一，甚至，品牌可以创造一个新的领域并成为第一。

例如，娃哈哈曾计划开发一款新产品，但调查后发现，牛奶领域的第一名是某著名品牌，果汁领域的第一名也是个大品牌，饮品市场中的很多细分领域都已经有了头部品牌。于是娃哈哈把牛奶和果汁进行了搭配，创

027

造出一款新产品——营养快线，受到了广大用户的欢迎。如果娃哈哈去挑战强大对手研发牛奶或果汁，很可能处于劣势，但娃哈哈避免与竞争对手正面竞争，创造了一个新领域，轻松成为第一名。

3. 在竞争对手的对立面成为第一

在和市场中原有品牌进行竞争时，最好不要与竞争对手"硬碰硬"，而是找到竞争对手的软肋，用自己的长处攻击对方的短处。

例如，麦当劳、肯德基占领快餐市场的很大部分份额，而真功夫刚出现时没有在西式快餐上与其竞争，而是选择主打中式快餐。许多人不喜欢油炸食品，于是真功夫就主打差异化，正如它的经典的广告语："营养还是蒸的好。"

因此，切忌让巨头"牵着鼻子走"，按照它们的规则经营可能永远不能超越它们，要试着找到头部品牌的劣势，勇敢挑战头部品牌，创造自己独有的价值。

4. 借助第一名的力量

如果品牌暂时无法成为领域内的第一名，那么可以借助第一名的影响力，吸引更多注意力。

例如，一个新兴的香水品牌想将目标用户定位为中高收入人群，要怎么做呢？这个香水品牌可以借助其他行业中第一名的影响力，如名牌包、名牌服装等。例如，这个香水品牌的广告语可以是：只有我们的香水，才值得放进你的名牌包。因为名牌包是代表了品质，所以当人们看到这句广告语时就会想：是什么香水可以和名牌包搭配？这样一来就成功引起了用户的注意。

一些企业官网上标注的合作机构，都有阿里巴巴、腾讯、百度等国内知名互联网企业的身影，这就是它们在借助第一名的力量。在浏览企业的网页时，人们会想：这家企业和这么多大牌企业合作过，实力一定不差。因此，品牌可以通过与领域内第一名绑定的方式，巧妙借助第一名的影响力快速获取用户的注意力。

二、找到最突出的卖点，强势发力

实现头部效应的一个重要手段就是找到品牌最突出的卖点，针对这一卖点强势发力，持续宣传，让人们一想到某一特质，就会想到这个品牌，这能够提升品牌的辨识度，加深人们对于品牌的认知。

提到烤鸭，很多人第一个想到的品牌是全聚德；提到果冻，很多人第一个想到的品牌是喜之郎。这些品牌之所以有这么高的辨识度，是因为它们数十年如一日地强化品牌认知，品牌本身具有很高的传播及营销价值。

发挥头部效应是一个持续的过程，企业要把注意力放在明确品牌定位，找到最突出的卖点上。企业可以先从细分领域的头部做起，打破现有的局面，而不是一开始就想成为整个行业内的第一。

企业的规模越大，可支配的资源就越多，相应的，受到的"诱惑"也就越多。一些企业会产生这样的错误认知：在自己的领域小有成就，在其他领域也能有所作为。带来的结果就是，企业不能在自己所处领域深耕，什么都想要，最终什么都得不到。

汽车行业的竞争十分激烈，每个品牌都有自己的长处。提到汽车，很多人都会想到各种各样的豪车，但一提到安全，很多人首先想到的是沃尔沃。

沃尔沃具备很多其他汽车品牌都具备的优势，但这些优势都是附加价值，并不是它的重点，它始终都围绕着安全进行推广。

沃尔沃品牌的拥有权目前在吉利的手中，但这个品牌最初来自瑞典。每年一过10月，瑞典从北往南就陆续覆盖上厚厚的积雪，黑夜比白天的时间长，驾车出行的危险性成倍增加，因此瑞典的自然环境对汽车的安全性要求很高。从创建以来，沃尔沃就将关注的重点放在汽车的安全性上。沃尔沃是怎么突出自己的安全性的呢？

首先，沃尔沃建立自己的交通事故研究部门，这是沃尔沃与其他大多数汽车制造商显著不同的地方。其次，沃尔沃的工程师要考察事故情况，对目击者和当事人进行采访、调查，检查肇事汽车的损坏程度，将事故情况与复杂的机械装置联系起来进行研究，收集各类数据资料。最后，将已经掌握的信息制作成图文并茂的调查报告，提供给每一个与产品开发有关的部门。

除此之外，沃尔沃每年还要进行一百多次整车撞击测试和成千上万次的零件及某一系统的测试，以保证汽车的安全性。

在科技发达的今天，很难有企业能独立研发出垄断性的汽车安全技术。有的汽车企业的安全技术已经非常先进，但在很多用户心中，沃尔沃依旧是安全的代表，这源于沃尔沃长久以来对安全的追求和坚持。

三、华熙生物是如何成为爆品的

华熙生物是一家知名生物科技企业，推出了多款功效型护肤品，受到了许多年轻消费者的喜爱。根据华熙生物2022年财报，其2022年营收同比增长28.53%，净利润同比增长24%，展现了其稳扎稳打的发展步调。那么华熙生物是如何一步步发展，打造出自身品牌特色的呢？

1. 把握时代风口，采取产品领先战略

华熙生物作为一家生物科技企业，希望利用生物科技为用户带来健康、美丽和快乐的全新体验。而近几年，护肤知识的普及以及护肤理念的更新，使得用户更加关注产品的成分和功效，许多功效型护肤品迎来了全新发展。

生物医用行业对于技术、资质和资金的要求都十分严格，具有较高的准入门槛。而华熙生物在该领域拥有先发优势，能够将产品持续做大做强。

华熙生物专注于产品研发，深入了解年轻用户的深层需求，打造了产品，并以直击人心的营销内容、便利的线上销售方式，形成了一套全新的产品销售体系。华熙生物的产品在短时间内迅速占据了用户心中一席之地，获得了高额收益，在护肤品市场拥有了一席之地。

2. 从四大维度出发打造爆款产品

为了能够提高自身的知名度，华熙生物将"功效型护肤品"作为突破口，利用爆款产品提升用户认知。

华熙生物将爆款产品锁定在了口红上，并与故宫博物院展开合作，进行IP联名，从功能、颜值、健康和场景四大维度出发，助力产品爆红。

华熙生物与故宫博物院对于此次研发十分上心，耗时 8 个月，共同推出了故宫口红。双方对于产品的打磨十分认真，对口红外观进行了 1 240 次修改，从 186 万件故宫藏品中选出了合适的祥瑞元素等。

6 只口红的膏体分别对应着 6 件国宝藏品的颜色，十分惊艳。故宫口红膏体内添加了华熙生物的独有专利成分，能够有效缓解口红拔干的问题。

口红一经推出便受到了市场的欢迎，成为华熙生物的一大爆品。

3. 致力于核心技术自主研发

华熙生物的核心技术均为自主研发创新。华熙生物的创始人便致力于透明质酸（玻尿酸）的研发。

该种物质在眼科中被称为透明质酸，而在医美与化妆品中则被称为玻尿酸，具有保湿、修复等功能。该种物质最大的特点是人体中的水需要通过其进行代谢。

虽然这种物质的功能丰富，但是提纯难度大、成本高，于是华熙生物创始人开始另辟蹊径，在微生物领域通过发酵法生产透明质酸，有效降低了成本，提高了效率。

同时，华熙生物搭建了微生物发酵和交联两大核心技术平台，并陆续组建了分析检测、配方工艺、合成生物学、应用机理等研发平台，构建了体系化的研发平台。

华熙生物逐步将产品类型由透明质酸原料延伸至多种生物活性物质、医疗终端产品、功能性护肤品和功能性食品，覆盖了透明质酸原料至相关终端产品的完整产业链。

4. 实行多品牌、多渠道战略布局

为了能够在激烈的市场竞争中抢占更多市场份额，华熙生物实行多品牌、多渠道战略。

华熙生物根据不同用户的护肤需求，推出了多个品牌。例如，润百颜专注玻尿酸科技修护；米蓓尔专为敏感肌肤研制；夸迪适用于初抗老人群；BM 肌活主要激发皮肤活力等，抢占了多个细分市场。

5. 线上线下联动，实现销量转化

在线上，华熙生物通过直播打造爆款产品，并入驻知名主播直播间，实现了粉丝的快速积累，有效提高了品牌销量和互联网声量。

在线下，华熙生物入驻专柜，与许多一线大牌处于同一赛道。同时，华熙生物从百货渠道入手，入驻了全国连锁品牌店，打通了线下渠道，实现了线上线下的联动，构建了完整闭环，为自身的稳固发展打下基础。

总之，华熙生物"圈粉"的措施是环环相扣的，从产品设计到营销宣传，每一步都瞄准目标用户的痛点，促成了产品如今的火爆人气。

第二节 如何实现差异化定位

差异化定位能够帮助企业打造个性化的品牌形象，使品牌在目标用户心中占据独特位置。同时，具有差异化定位的品牌能够给用户提供一个购买品牌产品的理由，满足用户个性化的消费需求。企业可以通过找到差异化价值、瞄准细分领域、打造品牌 IP、提供优质服务等方式实现差异化定位。

一、根据行业发展趋势找到差异化价值

在进行品牌差异化定位的过程中，企业需要分析行业发展趋势，明确品牌的差异化价值。以笔为例，起初，毛笔是人们的日常书写工具；后来，钢笔逐渐成为日常书写工具；现在，更加多样的圆珠笔、中性笔、走珠笔等不仅是学生学习的工具，还兼具玩具属性，更具创意。创意是笔重要的发展趋势。

针对这个发展趋势，晨光将"晨光总有新创意"作为品牌的核心价值。晨光拥有一支高水平的设计师团队，从卖点设计、产品设计、模具开发到品牌形象设计，形成了独一无二的"全程设计系统"，能迅速将新创意转化成产品。

晨光根据文具用品的主要消费群体，即学生，喜欢卡通、经常考试的特性，开发了米菲系列（如图 3-2 所示）、考试笔系列、孔庙祈福系列产品，受到了学生的欢迎。

图 3-2　晨光米菲系列产品

企业可以借鉴晨光找到自身差异化价值的经验，研究自身所处行业的发展趋势，提前布局，实现品牌差异化定位。

二、成为细分领域的佼佼者

在品牌差异化定位方面，聚焦细分领域，成为细分领域的佼佼者是一个不错的选择，这也是快消品领域的品牌打造差异化定位常用的一个方法。

例如，牙膏最初的价值是清洁口腔，市面上大多数牙膏都是主打这个功能。后来，佳洁士进入市场时为了将自己和其他牙膏品牌区分开来，将牙膏定位为美白，而高露洁则定位为防蛀牙，这两个牙膏品牌一出现便受到了用户的青睐，占据了很大一部分市场份额，对其他牙膏品牌造成了冲击。

面对市场冲击，药物类老字号牙膏品牌云南白药，率先走在发挥自身长处赢得市场的前沿。云南白药意在展示自己的专业,以获得用户的信赖。

云南白药具有止血的功效,云南白药创可贴、喷雾等产品一直广受消费者好评。云南白药牙膏含有活性成分,云南白药将自身定位为药物牙膏(如图3-3所示),可以减轻牙龈问题、修复黏膜损伤等,争得了一席之地。云南白药牙膏一经推出,就受到了很多用户的喜爱。

另外,云南白药是商务部第一批认证的中华老字号。这样的认证加持也使云南白药牙膏受益。

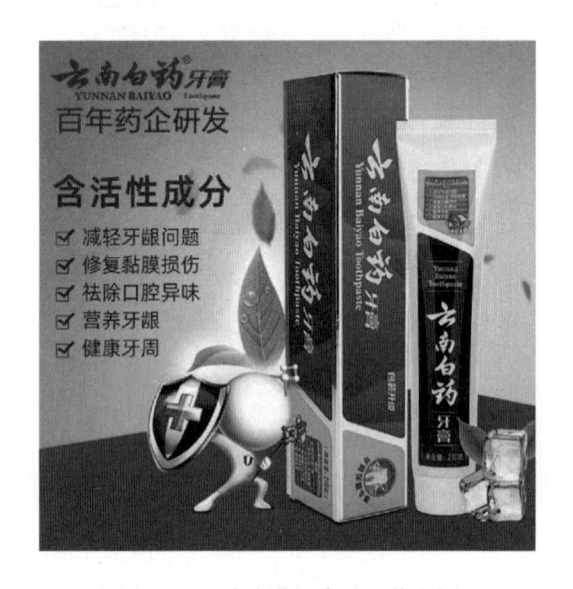

图 3-3 云南白药牙膏的宣传海报

在大多数牙膏品牌主打清洁牙齿的功效时,佳洁士表现出专注于牙齿美白,推出了热感美白系列产品,该系列产品主推在有效降低牙齿美白成本的同时,为用户带来更优质的体验。

同时,佳洁士还开展了多种营销活动。佳洁士与数字艺术创作团队Teamlab(团队实验室)携手打造联名活动,为用户带来了沉浸式的互动体验,吸引了许多人参与。在活动上,佳洁士以蓝色、白色作为主色调,与佳洁士美白系列产品进行关联,为用户布置了许多场景,如波波池、拍照墙等,以美丽的场景吸引用户拍照打卡形成二次传播。此外,佳洁士还为用户提供了多重活动打卡福利,例如,为用户提供抽取Teamlab门票的机会，吸引更多用户参与"热感美白"话题，获得更多热度，完成线上营销闭环。

为什么快消品行业中的品牌通过深耕细分领域打造差异化定位的方法如此有效？这是因为用户的需求虽然在大方向上相同，但具体需求有所不同。例如，虽然每个人使用牙膏的目的都是清洁口腔，但有的人牙齿黄，希望牙膏能够美白牙齿；有的人有蛀牙，希望牙膏能够应对蛀牙问题；有的人经常口腔溃疡，希望牙膏能够缓解口腔溃疡。因此，每种细分的牙膏产品都能吸引一部分用户。

企业可以聚焦行业细分领域，以独特的产品设计、产品功效等，促使品牌成长为细分领域的佼佼者。

三、打造品牌IP，以IP体现差异化

打造品牌IP是体现品牌差异化的重要方法，能够强化品牌的特色。例如，一些品牌会联动年轻用户喜爱的游戏、动漫等，推出联名款产品，利用其影响力为品牌赋能，这样能够加深用户对品牌的印象，使品牌年轻化、差异化。

奶粉领域的竞争十分激烈，想要在奶粉领域站稳脚跟，品牌就需要打造一个具有较高辨识度的品牌IP，并持续地经营。例如，荷兰奶粉品牌海普诺凯1897聚焦童话剧领域，打造差异化IP。海普诺凯1897打造了《木偶奇遇记》《幸福牧场总动员》等优秀童话剧，将童话剧作为与用户沟通的桥梁，传递品牌价值，获得了更多用户的支持。

为了向用户提供更多高质量的服务，海普诺凯1897还对童话节IP进行了升级。海普诺凯1897借助童话节IP，激发用户的情感共鸣，为用户提供情感价值，展现了品牌的人文关怀，强化了品牌力量。

海普诺凯的品牌IP具有话题性和丰富的价值内涵，由此形成了区别于其他品牌的差异化特征。另外，由于这些IP本身就具有极高的人气和庞大的粉丝基础，因此保证了联名产品的销量。

除了与其他IP联动外，品牌还可以进行更加深入的品牌IP化转型。例如，品牌可以借助动物或人物形象打造品牌IP，让用户觉得品牌有血

肉、有灵魂，如三只松鼠、江小白等。

以三只松鼠为例，三只松鼠产品的一个卖点是"萌文化"。三只松鼠将一个扁平的 logo 逐渐转变为立体、完整的品牌形象，无论是线上店铺，还是产品的包装、赠品，都在强化三只松鼠的卡通形象（如图 3-4 所示），给用户留下了深刻的印象。

三只松鼠定位于"森林系"，提出"森林食品"的概念，其目标用户定位为年轻群体，品牌定位贴合目标用户有个性、有准则、喜欢享受生活的特点，将品牌 IP 的萌形象植入用户的心中，再不断用"萌"的内容向用户强化这个品牌 IP。

在休闲零食行业竞争激烈的情况下，三只松鼠以萌文化赢得了用户，其松鼠形象的客服亲切地称呼用户为"主人"，产品包装箱上写着"主人，开启包装前仔细检查噢"，仿佛卖家真的是三只小松鼠。三只松鼠通过卡通形象与用户进行拟人化的互动，优化了用户的体验，同时强化了品牌 IP 的独特性，实现了品牌的快速传播。

图 3-4 三只松鼠的包装设计

四、以优质服务打造品牌差异化

即使是在产品同质化较为严重的行业，企业也可以通过足够优质的服务打造品牌差异化，使品牌根植于更多用户的脑海中。

例如，服装产品同质化较为严重，T 社定制通过为用户提供优质、个性化的服务，打造了品牌的差异化。T 社定制已经为许多团队提供了私人定制的 T 恤、卫衣、Polo 衫、周边产品（帆布包、棒球帽）等，且广受好评。

T 社的客户涉及诸多领域，甚至包括腾讯、中国银联、百度、海尔等知名企业，这些企业累计在 T 社定制了百万件产品。自成立以来，T 社一直坚持诚信为本，多道把关，用心做好每一件产品，希望通过优质服装回馈客户。

从原料采购、产品出入库到发货等环节，T社坚持多道品检，层层把控，严格要求，该品牌为了实现更高质量的私人定制，坚持使用精细化印刷工艺，确保印花平滑、不脱落，而且，其服装工艺十分齐全，可以满足客户对定制图案的各类需求。

T社有丰富的资源和专业设备，坚持以"互联网＋"思维为客户提供服务，从源头把控品质，自研生产系统和信息化管理系统，为每位客户提供贴心的服务。T社还有海量插画师与设计师资源，可以为客户提供专业的设计服务。只要客户说出自己的创意和想法，T社就可以为他们提供贴心的私人定制方案，满足他们的个性化需求。

此外，国产手机品牌小米也借助优质的服务吸引用户。以小米11手机为例，小米为小米11提供了三种方式的售后：一是可以通过微信小程序进行售后；二是提供中期维修服务，在保修期内可以享受免费维修服务；三是"蓝天使"上门服务，可以由技术人员上门进行维修。

小米的优质服务有利于提高用户满意度，提升品牌好感度，还能够为品牌带来口碑效应，吸引更多用户购买小米的产品。

第四章

开发优质产品：好产品自己会"说话"

品牌营销的本质是促进产品销售，在进行品牌营销之前，企业必须确保产品足够优质，注重产品设计，关注产品质量，优化产品体验。优质产品能够成为品牌营销的重要媒介，实现产品和品牌的自传播。

第一节 "产品为王"永远不会过时

产品永远是品牌营销的核心，没有好的产品，品牌营销就成了无源之水。企业不仅要了解产品，还要分析产品的风格、价值、结构等，打造优质产品。

一、产品认知：了解产品是什么

在开发优质产品时，企业需要深化产品认知，了解产品究竟是什么。产品存在两种形态：一种是物理形态，如钢铁、塑料等；另一种是功能形态，即用户体验的产品功效，产品功效是用户购买产品的关键原因。

产品的物理形态是无法销售的，因为人们不想要建造汽车的钢材、制作花瓶的玻璃。物理形态之所以具有价值，是因为能制作人们需要的产品。事实上，产品最重要的部分是它的功能，至于其他部分，如钢铁的外壳、铝合金外壳等，都只是区分产品价格的介质，而用户真正想买的是产品的功能，也就是产品能为用户带来的价值。

例如，Ubras（由彼）是一个女性贴身衣物品牌，推出了呼呼系列家居服，该系列家居服的宣传标语为"伴你呼呼入睡""呼呼就入睡"，主打舒适、睡眠无压力。为了宣传该系列家居服，Ubras 还发起"呼呼就入睡"助眠活动，与多个品牌进行合作。

Ubras 与生活方式品牌 Creative Shelter（伟大的避难所）、床垫品牌蓝盒子展开合作，在线上分享快速入睡的小妙招；与身心健康应用潮汐合作，为用户带来晚安，帮助用户快速入眠；携手泡芙云书店为用户提供助眠书单；与 Vibration（振动）歪波音室合作为用户精选助眠播客特辑等。Ubras 具有强大的产品认知，紧抓产品卖点，吸引用户。

有些企业在宣传产品时只注重宣传产品的物理形态，这是不正确的，因为真正吸引用户的是产品的功能是否强大、是否能满足用户的需求。只有知道用户要用产品做什么，企业才能有针对性地打造优质的产品。

二、产品风格：把握市场潮流趋势

产品的设计风格是随着时代不断变化的，当某一种风格成为主流后，新的风格也在酝酿之中。当前，极简主义设计风格十分流行，产品样式简单，能够突出产品的实用性。

为什么产品设计要追求个性化、简约化、实用化呢？这是由用户的学习成本决定的。功能多的产品，用户学习难度大、入门慢，没有通用性，而且太复杂的设计容易影响用户的专注度，反而无法突出产品的特色。

例如，在问路时，听到的回答一般是"往前走 100 米，然后右拐走 20 米"，虽然说清了大致的方向，但在实际行走的过程中，我们很难清楚地知道自己已经走了多少米。而相对较好的回答是，"走到第二个路口时右拐，走到 KFC 后再往前走 10 米，看到一个便利超市，目的地就在附近了。"尽管这种回答比第一种回答复杂，但多了一些明确的参照物，会使听者更容易辨别方向。

这两种表达的差异不仅在于精确度不同，还在于学习难度和记忆难度不同。人们在完成任务的过程中，学习成本越高，认知压力就越大，操作过程就越复杂。

因此，并不是设计越复杂、功能越多的产品越好，而是要根据目标用户的特点，突出主要功能，使他们能快速掌握使用方法，节省他们的学习时间。如果用户为了使用产品，还需要专门花时间去学习，反而增加了负担，用户自然会选择更容易上手的产品。

三、产品价值：知道产品的用途

在设计产品的过程中，企业需要明确产品的价值，即明确产品的用途，思考产品是否能够满足目标用户的需求。同时，企业也需要意识到，用户对于产品的需求是多样的，这意味着，产品可以拥有多样的用途，体现多样的价值。

1. 务实价值

毫无疑问，现在的用户越来越务实，更愿意为高价值和高质量的产品付费。

Costco（开市客）超市是一家会员制连锁仓储式超市，为用户提供优质的产品，但是其产品的价格非常低。Costco不靠售卖产品赚钱，而是靠收取会员费赚钱。Costco能够为会员提供务实价值，其每年的会员续费率高达91%。

网易严选和Costco的运营模式相似，其去除了品牌溢价，直连工厂和用户，为用户提供高质量的产品。而且，网易严选不自建物流，使用中心仓库再委托快递发货，可以在保证物流速度的同时尽可能降低成本。网易严选迎合了新时代用户注重产品品质的实用消费观念，打造契合用户消费观的产品。

2. 展现自我

用户购买产品不仅是为了满足生理需求，还为了满足心理需求。例如，豆瓣的用户想向他人展示自己"文艺青年"的形象，星巴克的用户想向他人展示自在的生活方式。同时，很多人喜欢用车来展示自己的身份，用服饰展示自己的品位等。很多用户都想通过某件产品展现自己的与众不同。

因此，产品要展现其独特的价值，最好有一个独特的标签，能让用户"对号入座"，展现出自己的个性。

3. 弥补不足

很多时尚品牌都是通过向用户讲述"完美"的故事进行营销宣传，如无瑕的肌肤、S型的身材、乌黑的秀发等，然而现在，这种半虚构的营销内容遭到用户的质疑。"完美"不是仅凭一瓶洗发水、一件衣服、一瓶面霜就能实现的，它需要长时间的积累，而用户往往没有耐心等这么久，他们更想马上看到效果。

例如，小米6手机的"变焦双摄"功能，可以瞬间让用户变美；高跟鞋可以立刻让用户"长高"；粉底液可以迅速遮盖用户皮肤上的瑕疵。这些产品都能帮用户弥补自身的不足，而且时间短、见效快。

4. 人物共情

一般来说，个性化的产品都有帮助用户表达情绪的功能。例如，2023年1月，法国著名香水品牌Diptyque（蒂普提克）推出了限量款香水——杜桑，并邀请了新锐摄影工作室韦伦·迈耶为该香水拍摄了一部短片。短片中展现了Diptyque的创始人在越南生活的童年记忆，香水杜桑的灵感正来源于此。杜桑以创始人母亲喜爱的晚香玉的花香为主调，并搭配绿意、海洋、奶油、阳光等多种元素，融合成使人难以忘怀的香气。

Diptyque香水系列的香标也十分有特色。杜桑香水的瓶身正反面的图案具有不同的风格，正面展现了创始人的母亲在海滨的亭子下凝望海面的场景；背面展现了海湾的景色，帆船在海湾上行驶，岸上人来人往，一片安静祥和。

Diptyque以讲故事的方式进行营销，将故事发生的场景、情绪与香水带给用户的感受联系在一起，使香水成为故事的承载体，吸引用户的兴趣。

用户购买产品并不是一个纯理性的过程，因此，产品要调动用户的情绪，这样更容易促使他们购买产品。

四、产品结构：巩固品牌形象

在设计产品的过程中，企业也需要考虑产品结构，以多样的产品设计搭建完善的产品结构。具体来说，完善的产品结构包括以下四类产品，如图 4-1 所示。

引流型产品	销量型产品
利润型产品	形象型产品

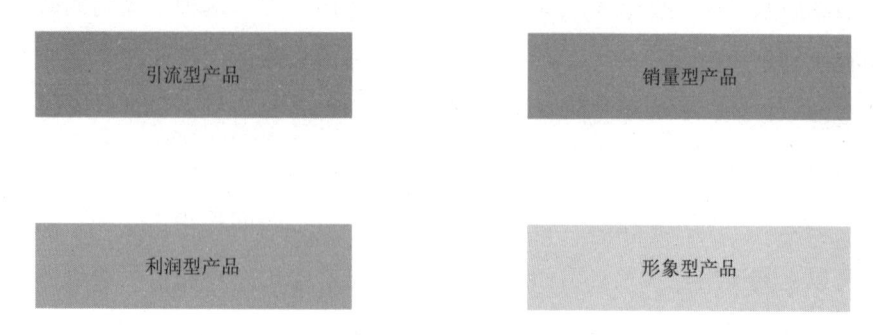

图 4-1　完善的产品结构包括的四类产品

1. 引流型产品

引流型产品是企业主推的、用来吸引流量的产品。流量多就意味着产品能够被更多用户看到，拥有更高销量的概率就更大。那么企业应当如何选择引流型产品？对引流型产品的选择和定位，主要有以下两方面的要求：

首先，企业要选择一款成本、价格都比较合适的产品。引流型产品需要有毛利率趋于中间水平的特征，需要在大量同质化产品中拥有价格方面或者其他方面的优势，从而在竞争中占据优势地位，能够带来比较多的流量。

其次，引流型产品一般是能够让大多数用户感到满意的产品，不能是小众的、大多数用户无法接受或者没有购买需求的产品。如果产品比较小众，那么能够接受产品的用户就不会太多，也就无法起到引流的作用。

作为服装领域的知名品牌，海澜之家围绕"国民品牌"的定位稳健运营，持续优化产品结构。海澜之家的引流型产品如图 4-2 所示。

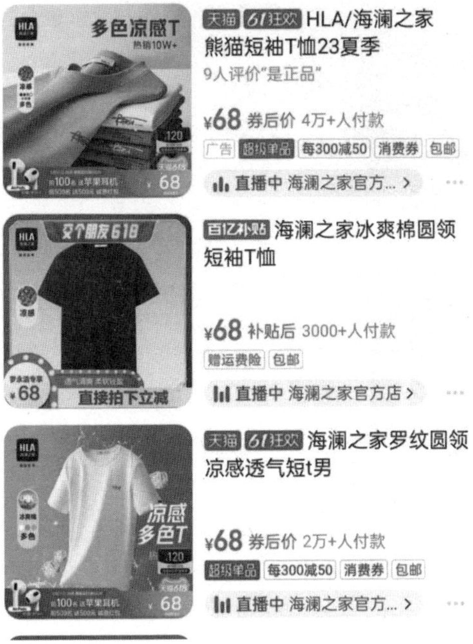

图 4-2　海澜之家引流型产品

从图中我们可以看到，这几件标价为 68 元的引流型产品销量很高。海澜之家选取几款成本、价格比较低，大众都能接受的服装作为引流型产品，吸引用户进入店铺，提高店铺的流量。

如果引流型产品起到较好的作用，就可以为其他产品带来流量，增加其他产品的曝光率。引流型产品的价格过低可能导致产品本身是亏损的，但为其他产品带来的流量可能使其他产品销量增加，从而实现企业整体销售利润的增长。

2. 销量型产品

销量型产品就是采取降价、促销等手段打造的、拥有高销量的产品。在使用引流型产品吸引到流量之后，企业可以将销量型产品作为吸引用户的利器，让用户从销量型产品上获得对品牌的认知，从而和用户建立良好的关系。

同样，海澜之家也设计了自己的销量型产品，如图 4-3 所示。海澜之家特意标注了"61"狂欢和百亿补贴，以此促使用户迅速作出购买决定。两款产品的价格和引流型产品相比并不算低，但是两款产品都参加了促销活动，因此销量较高，能够使企业盈利。

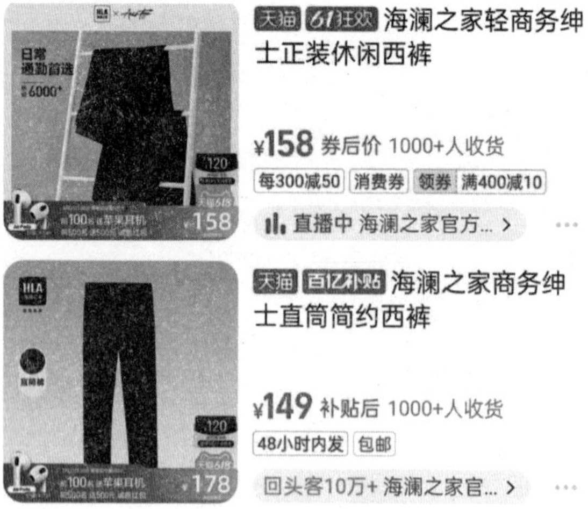

图 4-3　海澜之家销量型产品

3. 利润型产品

利润型产品应当是产品结构中所占份额最高的产品，毕竟，盈利才是企业的目的。利润型产品的价格一般在企业销售的所有产品中处于较高水平，单款产品利润较高，是企业获取利润的主要产品类型。

利润型产品价格较高，与销量型产品和引流型产品相比，愿意购买的用户更少，因此，利润型产品相对比较小众。利润型产品主要面向目标用户群体中某一部分特定用户，针对特定用户的消费心理和需求进行产品设计。

海澜之家的利润型产品都是当季的新产品，如图 4-4 所示。和引流型产品、销量型产品相比，利润型产品的价格比较高，款式比较独特，销量不高，但是毛利率较高。

图 4-4　海澜之家的利润型产品

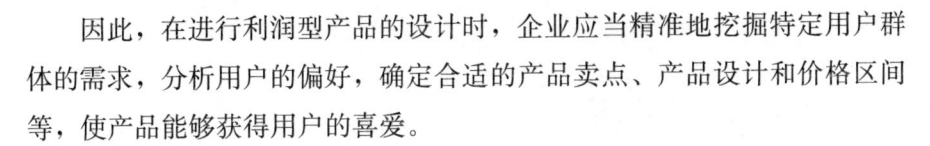

因此，在进行利润型产品的设计时，企业应当精准地挖掘特定用户群体的需求，分析用户的偏好，确定合适的产品卖点、产品设计和价格区间等，使产品能够获得用户的喜爱。

4. 形象型产品

形象型产品，顾名思义，就是企业用来树立品牌形象，提升品牌声誉的产品。一般来说，形象型产品的受众面较窄，没有太多用户购买。形象型产品能够展现企业的价值观，提升品牌档次，使得企业的品牌和各个系列的产品有更高的辨识度，有助于用户将企业的品牌和其他品牌区别开来，而这也是形象型产品的最大意义所在。

形象型产品一般是一些品质极高、极有特点、价格极高的小众产品。在企业的全部产品中，应当有3~5款具备独特设计风格的形象型产品，以有效树立品牌形象，吸引更多用户。

形象型产品在一个稳健的产品结构中是不可或缺的。例如，与天猫携手开拓新零售板块的YSL（圣罗兰）的产品结构中就有形象型产品。YSL将秀场的服装当作形象型产品，这些服装价格昂贵，基本不会有用户购买，只是起到传递品牌理念、树立品牌形象的作用。

由于具有高单价，因此形象型产品不会有太高的销量，也就是说，企业不会依靠销售形象型产品获取利润，而是用形象型产品提升品牌形象，从而形成品牌效应，吸引用户购买其他产品，促进企业整体销售利润的提升。

第二节 开发产品，质量必须是第一位

企业在开发产品时，必须将产品质量放在首位。只有产品质量过关，才能够持续吸引用户回购。为了提高产品质量，企业需要完善质量标准与体系，不断提升产品的专业度，推动自身持续发展。

一、完善质量标准与体系

企业在提高产品质量时，应该从制定完善的质量标准与体系入手。制定完善的质量标准与体系，有利于增强员工的质量意识，在企业中形成质

量文化。在质量文化的熏陶下，员工会更加重视产品质量，产品质量能够得到有效保证。

华为就是如此，从流程管理，到标准量化，华为的质量管理体系随着用户需求的变化而逐渐完善。华为的质量管理体系是如何逐渐完善的呢？过程如图4-5所示。

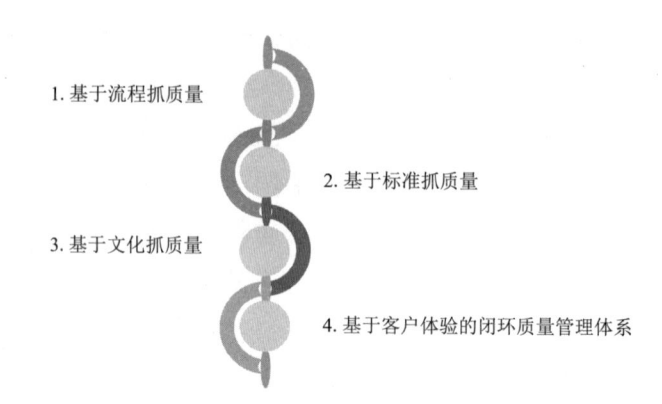

图 4-5　华为质量管理体系逐渐完善的过程

1. 基于流程抓质量

2000年，华为将目标锁定在IBM，想要学习IBM的产品开发流程。当时，印度软件发展迅速，于是华为在印度建立了研究所，向印度学习软件质量控制，将CMM（capability maturity model for software，软件能力成熟度模型）引入华为。

"IPD+CMM"是华为建立质量管理体系的第一个阶段。IPD（integrated product development，集成产品开发）和CMM采用全球通用的质量语言体系，它们的应用使得华为的质量管理体系更容易被客户理解。在这一阶段，华为的国际化业务大幅增长。

第一阶段华为实现了基于流程抓质量。在生产过程中，这套体系通过严格规范流程保证了产品的一致性。

2. 基于标准抓质量

随着华为的业务在欧洲大范围铺开，运营商多、标准不一，成为华为在质量管理方面面临的新问题。

华为在为每一家运营商提供服务时，都会仔细了解其标准，再将信息反馈给国内的设计、研发、生产等部门。欧洲客户有一套详细的质量量化指标，对接入速度、稳定运行时间等都有具体的规定。几年前，华为在不同的国家发布新产品时，都要根据每个国家用户的需求、政府监管要求、行业质量标准，确定不同的发布时间。经过几年的摸索，目前，华为已经实现在全球统一发布新产品，而这要归功于其这些年对质量标准的摸索。

这是华为质量管理体系建设的第二个阶段。在这个阶段，华为意识到标准对于质量管理的作用，因此，华为在流程的基础上，强化了标准对于质量的作用，通过量化质量指标，生产出符合客户要求的产品。

3. 基于文化抓质量

随着华为在更多国家开拓市场，客户对产品的严苛要求使得华为对质量有了更深刻的理解。例如，在一些市场中，只要产品的达标率符合要求，就可以满足客户的要求；但在其他的一些市场中，并没有产品达标率这个说法，这些市场的客户认为，即使是千分之一的缺陷，也代表产品尚存在改进的空间。

零缺陷、极致，这样的质量标准考验着华为的员工，让他们意识到在流程和标准之外，还有更高的质量要求，而这需要企业建设质量文化。只有将质量要求融入企业文化，让它成为所有员工的共同认知，才能实现"零缺陷"。2007年，华为以克劳士比的"质量四项原则"，即质量的定义、质量系统、工作标准、质量衡量为基础确立了华为的质量原则。

这是华为质量管理体系建设的第三个阶段。在这一阶段，华为引入克劳士比的零缺陷理论，构建企业质量文化，要求每一个员工的工作都要完美无瑕，以保证产品"零缺陷"。

4. 基于客户体验的闭环质量管理体系

完成了流程、标准、文化等维度的质量管理体系建设后，"如何让客户更满意"成了华为面临的新问题。于是，华为开始学习质量管理专家Noriaki Kano（狩野纪昭，也称"卡诺"）的质量观。卡诺将用户需求分为三个层次，即基本型需求、期望型需求、兴奋型需求。

基本型需求指的是用户认为产品必须具有的功能，如手机的通话功能。当这个功能缺失或使用感很差时，用户会很不满意；当该功能十分强大时，用户也不会表现强烈的喜欢。

期望型需求指的是产品比较突出、优秀的，但不是必须有的功能，如手机的拍照功能，这类需求是用户期望得到满足的，一旦产品具备相应的功能，用户会对产品感到满意。

兴奋型需求指的是超出用户意料的产品功能，当这个功能缺失时，用户不会表现不满意，但产品具有这个功能，用户会感到惊喜，会更加忠于品牌。

这是华为质量管理体系建设的第四个阶段。在这一阶段，华为更加重视用户的体验。正是因为构建了基于客户体验的闭环质量管理体系，所以华为在2016年获得了"中国质量奖"。

严格的质量管理标准，完善的质量管理体系，可以使产品质量更加稳定，而稳定的产品质量可以提高品牌的调性和品牌美誉度。

二、专业度体现产品高质量

一件产品质量的高低是由多个因素决定的，而专业度便是其中一个因素。更加专业的产品能够为用户提供更好的服务，获得用户的认可。

新东方是一家关注全面发展的综合性教育企业，其教学的专业程度获得了用户的一致好评。随着技术革命与产业变革的深入发展，新东方不断升级产品，并提高自身服务的专业度，满足不同用户的需求。

在2023年中国国际服务贸易交易会（简称"服贸会"），新东方携带多款智能产品亮相教育服务专题展会，展现了其在教育领域的创新探索成果。新东方主要通过以下三个方面，为用户提供优质服务与产品，培养创新人才。

1. 为用户提供一站式全面成长平台

素质教育推行已久，在探索实践的过程中不断被深化，成为时代发展与社会变革的需要。素质教育能够促进全面发展，培养创新与实践能力，打造高水平、高层次的人才。

对此，新东方顺应时代的要求，对素质教育进行了深入的探索，并搭建了以美术、编程等课程为核心的素质教育产品矩阵，为用户提供一站式全面成长平台。以编程课程为例，新东方的少儿编程课程体系是由新东方历时四年打磨而成，参考了许多教育理论，能够通过趣味故事、游戏的方式帮助用户循序渐进地学习编程知识，使用户具有数学思维和计算思维，培养动手能力与创造能力。

目前，新东方的素质教育课程已经在几十个城市落地。新东方表示，将借助专业的教师团队和完善的课程体系，满足不同年龄、不同特点的用户的教育需求，有效提升了儿童多方面的核心素养。

2. 深耕智慧教育，助力人才培养

为了积极响应国家数字化战略行动，新东方积极探索智慧教育领域，并在 2022 年开设智慧教育事业部，专注科技创新教育。

2023 年 4 月，新东方推出了智慧教育解决方案 2.0，涵盖教育的各个方面，包括教学内容、硬件、工具、服务的系统化解决方案，能够为用户提高一站式服务，助力创新人才培养。

此外，新东方智慧教育还搭建了从智慧教育云、智慧教育应用到智能终端为一体的智慧教育生态，解决了区域以及学校在教育改革发展中遇到的实际问题，有效实现了学生的个性化教学、教师的针对性授课，提升了质量。

3. 创新公益模式，实现优质教育资源共享

新东方十分赞同 21 世纪是数字化的时代，需要提升大家的数字化能力和科学素养，并推行教育数字化。推行教育数字化，首先要求教师具有数字化能力，因此，新东方十分注重教师群体的培养。2022 年，新东方与中国教师发展基金会共同推出了"中小学教师数字化能力与科学素养提升计划"，拓宽了教师群体的培养范围。

新东方以推动教育均衡发展作为核心点，不断推动各个地区的教育资源均衡发展，实现教育与科技创新成果的普惠共享，实现了师资、课程等优质教育资源在城乡间高效流动。

第三节 如何优化用户的产品体验

产品体验是影响用户是否会购买商品的重要因素之一。想要优化产品

体验，企业可以从外形设计、对产品使用过程进行分解、塑造仪式感三个方面入手。良好的用户体验，能够有效提升产品销量。

一、外形设计：从用户的"五感"入手

作为产品的使用者，用户对产品的感受会影响产品的销量，因此，许多企业都从用户的角度出发，对产品的外形进行设计，以此激发用户的购买欲。企业可以从用户的"五感"，即视觉、听觉、嗅觉、味觉、触觉五个方面入手设计产品外形。五感是用户感受世界的"窗口"，承载用户对产品的第一印象。

企业中的研发人员在设计产品外形时，需要转换角度，思考自己作为用户是如何评价产品的，而这也是大多数用户评价产品的方法。例如，一个火锅店的招牌菜是毛肚，用户会从"五感"的角度对毛肚作出以下分析，如图4-6所示。

五感	
视觉	产品的大小（大片）、形状（像脸一样）、颜色（黑色）、成分（牛胃的瓣胃部分）
听觉	生产工艺的呈现
嗅觉	闻起来无多大味道
味觉	无味（适合涮火锅）
触觉	吃起来很脆

图4-6 用"五感"分析毛肚

上图清晰地展现了毛肚的特征。从视觉上，用户可以辨别毛肚的新鲜程度、来源等；从触觉上，用户可以辨别毛肚的口感。而其他"三感"则不会有太大影响，因此，这家火锅店应该注重提升毛肚的外观和口感。

二、对产品的使用过程进行分解

企业想要优化用户的产品体验，就需要对产品的使用过程进行分解，找到能够进一步提升用户使用体验的环节。产品的使用过程可以分为三个

阶段，分别是使用前、使用中和使用后。对产品的使用过程分解得越详细，企业能够得到的信息就越多，也就越能够了解用户的需求。

例如，毛肚的食用过程可以分为：被端上桌子、食客准备动筷子、食客夹到锅里涮、食客吃到嘴里、食客吃完五个环节。企业可以从这五个环节入手，优化用户体验。该火锅品牌改进了"食客夹到锅里涮"这个环节，推出了"七上八下"的涮法，建立了涮毛肚的标准。

该火锅品牌通过优化食客吃毛肚的过程，既提升了产品使用体验，又为食客营造了一种独有的仪式感，促进食客主动分享、传播品牌。

对于企业来说，拆分产品使用过程，才能够更好地从细节入手，不断提升用户体验，使用户愿意回购产品。

三、仪式感必不可少

随着用户消费需求的转变，用户越来越重视产品的仪式感。为了满足用户的需求，一些企业在产品的包装设计、交互方面进行了一些独特的设计，投其所好，以赢得用户的喜爱。

仪式感对用户的情绪有着巨大的影响。在当今市场中，产品同质化越来越严重，产品创新越来越难，而用户的要求越来越高。在产品的设计中融入仪式感，可以增加产品的意义和价值，让用户在细节处获得新奇的体验，促使他们和产品建立长期的情感联系。

那么，企业应该如何塑造仪式感，才能切实提升用户的产品体验呢？企业可以参考以下两种方法：

1. 流程复杂化

很多产品为了降低用户使用成本，采用极简的设计风格，无论是外观还是功能，都追求越简单越好，但这个原则并不适用于所有产品。复杂的流程可以延缓欲望的满足，延缓的时间越长，用户投入的精力就越多，期望值就越高，期望得到满足时的幸福感就越强烈。例如，任天堂Switch Labo（开关试验室）系列的厚纸板配件，需要用户自己拼装，如图4-7所示。用户拼装虽然会耗费大量时间，但也能不断获得挑战和趣味。

图 4-7　任天堂 Switch Labo 系列的厚纸板配件

2. 营造氛围

营造氛围指的是让用户处于一种情境中，使他们能更好地专注产品本身。

（1）留白。留白被广泛应用于绘画和平面设计中，它是指通过合理利用空白，来呈现一种更开阔的空间意境，给人留下更多的遐想，从而凸显仪式感。

（2）声音。听觉是人类最重要的感官之一，声音能快速唤起人们的情绪。例如，QQ 新消息的提示音、QQ 好友上线的敲门声、Windows 的开机声等。人们只是看到这些字眼，就能想象对应的声音，这就是一种声音的仪式感。

（3）视觉。电脑隐藏面板的打开过程常会伴随一些特殊的动效，当点击页面中的一个按钮时，按钮会逐渐放大弹出隐藏面板，而关上隐藏面板时，它又会变成按钮。用户在初始接触这个按钮时，并不了解即将发生的情况，但按钮逐渐变大载入动效，可以帮助用户记住发生了什么，而不是让用户觉得面板突然出现或消失，毫无征兆也没有记忆点，而这个放大又缩小的动效就成为打开隐藏面板的一种专属仪式。

总之，随着用户对于产品的仪式感越来越重视，企业需要进一步了解用户需求，为用户提供优质的个性化服务，以更好地打动用户。

第五章

明确定价策略：找到最合适的利润点

企业以盈利为主要目的，因此明确定价策略十分重要。企业需要找到产品最合适的利润点，使用户满意，也使自身能获得利益。企业可以对定价策略进行盘点，选择适合自身的策略。同时，企业还要合理配置资源，提升产品的性价比，使用户对产品更满意。

第一节　定价策略大盘点

企业常用的定价策略主要有四个，分别是新产品定价、差别定价、心理定价和折扣定价。企业可以根据自身情况选择合适的定价策略。

一、新产品定价

对于新产品的定价，企业需要仔细考虑。新产品一般具有市场竞争力强、技术领先的优点，但又有成本过高、用户认知度低的缺点，因此，企业在为新产品定价时，需要考虑如何在快速收回成本的同时获得利润，还需要考虑用户是否能够接受新产品。常见的新产品定价策略有以下三种：

1. 撇脂定价

撇脂定价是指在新产品刚上市时，企业为在短期内收回开发成本、获取高额利润，将新产品的价格定得很大程度高于成本。撇脂定价又被称为高额定价。

企业想要实行撇脂定价策略，需要满足以下三个条件：

（1）产品的市场需求量大，需求价格弹性弱，用户足够多，并且愿意为新产品支付高价。

(2) 企业是新产品唯一的生产者，即使高价售卖也没有其他竞争者，用户不得不购买此商品以满足自己的需求，并且，高昂的价格使用户认为新产品足够高档。

(3) 价格过高使用户减少，但是仍能给企业带来足够的利润。

例如，国货服装品牌古典玩偶 Classical Puppets 的服饰较为华丽，往往要比同类产品定价更高，达到上千元，但其产品仍然受到了欢迎。该国货品牌便采取了撇脂定价，吸引了一批固定购买用户，实现了长久发展。

2. 渗透定价

渗透定价是指企业将新产品价格定得相对较低，以低廉的价格吸引大量用户购买，主要目的是提高市场占有率。渗透定价能使新产品迅速打开销路，抢占市场，使企业在市场中占据优势地位。

企业想要实行渗透定价策略，就需要满足以下三个条件：

(1) 产品的市场需求弹性大，价格的波动可以引起销量的显著变化，低价可以刺激市场需求，使销量迅速增长。

(2) 企业规模经济效益明显，随着销量增多，产品的生产成本将显著降低。

(3) 价格低廉，利润微薄，可以阻止其他竞争者进入市场。

3. 满意定价

满意定价是指企业将新产品的价格定在一个适中的水平，既不过高，也不过低。满意定价可以使用户和企业都比较满意，使得产品对用户有一定的吸引力，同时企业还能获得利润。

企业想要实行满意定价策略，就需要满足以下两个条件：

(1) 以用户对新产品的期望为依据制定产品价格，吸引更多用户。

(2) 企业在制定价格时应该考虑两个因素，分别是用户的购买能力和购买心理，这样的定价能满足用户的消费心理，促使用户多次购买。

二、差别定价

差别定价又称为弹性定价，指的是企业用两种或多种价格销售同一款产品。差别定价是根据用户愿意支付的价格来定价的。

这种定价策略实际应用的范围比较广泛，例如，工业用电和生活用电一度电的价格不同，这样的定价方法使价格更加接近每个用户所能承受的最高限度，从而使企业在保证销量的同时能在每个用户身上获得最高利润。

企业想要实行差别定价策略，就需要满足以下四个条件：

（1）产品所面向的市场必须是可以细分的，不同细分市场表现出不同的需求程度，这样企业才能够细分不同的用户群体，从而制定有差别的价格。

（2）产品面向的市场之间必须是分离的，也就是说，产品不能在不同的细分市场之间流通，否则差别定价就不会成功，容易使价格高的产品无法卖出，而价格低的产品将会在各个细分市场内流通。

（3）企业必须具备一定实力，实行差别定价产品的质量必须有保证，这样才能让用户信任，从而不去购买其他可替代的产品。

差别定价的应用范围是十分广泛的，实行方法多样，例如，基于细分市场定价，基于体验优劣定价，基于时间定价、动态定价，基于定点定价等。企业可以根据自己的实际情况选择合适的差别定价方法。

三、心理定价

企业可以采取心理定价策略，即根据用户的消费心理来确定产品价格。用户之所以选择购买某款产品，是因为产品能够满足用户的需求，且价格符合用户的预期，因此，企业需要揣摩用户的心思，使产品的定价与用户的心理预期相符。

心理定价的方法主要有尾数定价、整数定价、声望定价、习惯定价、招徕定价、谐音定价等，如图5-1所示。

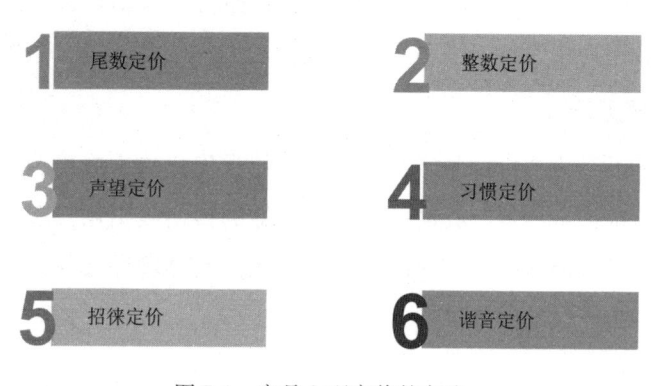

图5-1　产品心理定价的方法

1. 尾数定价

尾数定价是指产品的定价不是整数，而是包含零头，如 9.98 元、3.99 元等，这种策略在生活用品定价中经常使用。例如，虽然 9.98 元和 10 元之间相差不大，但是用户在心理上会感觉 9.98 元比 10 元便宜很多，从而对产品产生物美价廉的心理感受。

2. 整数定价

与尾数定价相反，整数定价是企业故意将产品的价格设定成整数，显示产品的高档、质量好，这种定价策略一般适用于价格较昂贵的产品，如耐用品和高档产品。用户通常会产生"一分钱一分货"的心理，认为价格高的产品质量肯定好，从而倾向于购买比较昂贵的产品。

3. 声望定价

一些用户常有"名副其实"的心理，认为名气大的产品，即使价格高昂，也是值得购买的。用户在面对稀缺产品、高档产品时，如豪车、名表、珠宝、古董等，可能会产生这样的心理。有些用户甚至认为，高价才是身份和地位的象征，这可以带给他们更大的心理满足。

4. 习惯定价

习惯定价指的是产品在市场上长期价格固定，用户已经形成了习惯，这种价格也被称为习惯价格。例如，由于用户经常购买日用消费品，因此用户心中已经有了习惯价格，只有产品的价格和用户的习惯价格相符，产品才会被用户接受。一旦价格出现变动，用户很可能不购买产品。例如，价格降低，用户会怀疑产品质量有问题；价格升高，用户会转而购买其他品牌的产品作为替代。

5. 招徕定价

招徕定价又称特价商品定价，指为了迎合用户追求廉价的心理，一些品牌将产品价格定得低于其他品牌，用低廉的价格吸引用户购买。虽然产品的利润不高，但能引起用户的注意，让用户对品牌印象深刻，从而带动整个品牌各类产品的销量。

6. 谐音定价

针对用户"讨口彩"的心理，企业可以使用"6"（六六大顺）、"8"（发）等数字设定比较吉利的价格，如 666 元、888 元、168 元等。

四、折扣定价

企业调整产品价格的方式之一便是折扣定价，折扣定价作为一种常见的定价方式，可以有效提高产品的销量，吸引更多的用户。折扣定价分为两种：一种是直接折扣；另一种是间接折扣。

1. 直接折扣

（1）数量折扣。数量折扣指的是根据用户购买产品的数量，划定不同的折扣标准，用户购买产品的数量越多，能享受的折扣越大。数量折扣的目的是鼓励用户集中、大量购买产品，使用户成为长期的、忠诚度高的用户，这种定价方法在快消品行业比较常见。数量折扣主要有两种形式，分别是累计数量折扣和一次性数量折扣。

累计数量折扣是指用户在一段时间内购买商品的总金额达到一个标准，就能获得一定折扣，如"双 11"期间累计消费满 1 000 元享九折优惠等。一次性数量折扣是指用户一次性购买的产品达到一定金额，就能获得一定折扣，如满 1 000 元减 400 元等。

（2）现金折扣。现金折扣指的是在规定的时间内，用户提前付款，可以享受一定的折扣。现金折扣的目的主要是鼓励用户尽快付款，从而提高企业资金周转率，降低其成为坏账的可能，从而降低财务风险。

现金折扣包含三个要素，分别是折扣比例、能够获得折扣的时限、付清全部货款的期限。例如，"4/10，2/20，n/30"，指的是 10 天之内付款享受 4% 的折扣，20 天之内付款享受 2% 的折扣，21 天到 30 天不享受折扣，30 天之后付款需要加付利息。

（3）功能折扣。功能折扣指的是企业根据中间商在分销环节中的地位和功能的不同，给予其不同的折扣。功能折扣的目的是鼓励中间商大量订货，扩大产品销售。除此之外，功能折扣还可以对中间商的成本予以补偿，从而使中间商有一定盈利空间。

（4）季节折扣。如果企业销售的产品具有鲜明的季节性，如羽绒服、电风扇等，那么企业需要实施季节折扣策略，从而平衡不同季节之间的利润水平，调节供需矛盾。

在确定季节折扣的比例时，企业应当主要考虑产品的生产、储存成本，以及基本价格和资金利息等。季节折扣有利于库存商品的快速流通，加速资金回笼，使企业实现均衡生产，避免季节需求变动带来市场风险。

2. 间接折扣

（1）回扣。回扣主要是指购买者按企业提供的价格购买产品并付款后，企业按一定比例将部分货款返还给购买者，这里的购买者，一般是产品分销渠道的中间商，而不是产品最终的用户。回扣一般是企业给中间商的销售补贴。

（2）津贴。津贴主要是指企业出于某种特定目的，以某种特定形式在价格方面或其他方面给予特定用户一定的补贴。例如，以旧换新业务，将旧货折算后，用户支付余款换取新产品，刺激消费需求，常用于更新换代快的产品，旨在促进新产品销售。

第二节　合理配置资源，提升性价比

定价决定了产品的资源配置，产品定价不同，企业提供的服务、采取的营销手段也不同，因此，企业在打造产品时，应该合理配置资源，提升产品的性价比，吸引用户购买。

一、"零投入做品牌"无异于"痴人说梦"

在这个重视品牌效应的时代，"零投入做品牌"成功的概率非常小。只有将打造品牌效应作为重点，并进行一定的投入，才有可能打造一个优质品牌。

例如，"凡客体"让凡客诚品着实"火"了一把。10亿元的广告投入让凡客诚品实现了"病毒式"传播，也正是这样的高投入，支撑凡客诚品的增长速度达到300％，成功打造了凡客诚品这一品牌。

元气森林利用高投入成功打造了元气森林这一品牌，但这并不能说明做品牌必须高投入，虽然高投入对品牌传播有一定的帮助，但并不是必要条件。当然，另一个极端是"零投入做品牌"，这种做法几乎是不可能成功的。

其实，做品牌和做企业在本质上没有明显区别，都是要结合产品和服务向用户传递品牌内涵，在此基础之上对品牌进行相应的宣传和推广。

传统线下媒体、线上媒体为品牌的推广提供了非常多的可能，因此对品牌进行一定的投入是企业必须做到的事情。只有进行了投入，才能建立一个好品牌。

以完美日记为例，完美日记是近几年火热的国产美妆品牌，在短时间内赢得了用户的认可，成长速度十分惊人。这样的成绩离不开其在品牌宣传方面的投入。完美日记主打"大牌平替"的概念，在线上线下进行宣传，使用户对于品牌形成了一定的认知。

完美日记寻找了许多KOL（关键意见领袖）对产品进行推广。关于完美日记的内容，在小红书、B站、抖音等平台均可见到，加深了用户的印象。

此外，完美日记还十分注重微信端的运营，着重打造了"小完子"这个人物IP，有利于拉近品牌与用户的距离，吸引更多用户。这也是品牌常用的营销方式。

反之，在当今这个信息爆炸的时代，如果一个名声不够响亮的品牌还没有投入足够多的成本进行品牌宣传，那么品牌的其他活动，包括生产、销售等，都是没有目的、脱离主题的，这些活动并不能代替在品牌宣传上的高投入，对企业打响知名度没有很大助益。没有品牌知名度的产品就无法在用户的心里占据一席之地。

二、资源配置：线上与线下一起投入

随着互联网的迅速普及，品牌无法脱离互联网而发展，因此，在打造品牌时，企业应该重视资源整合，线上线下同时发力，使资源在各个渠道中流通。企业可以利用以下三种方法在线上线下一起投入（如图5-2所示），使品牌在用户心中占据有利地位，打响品牌知名度。

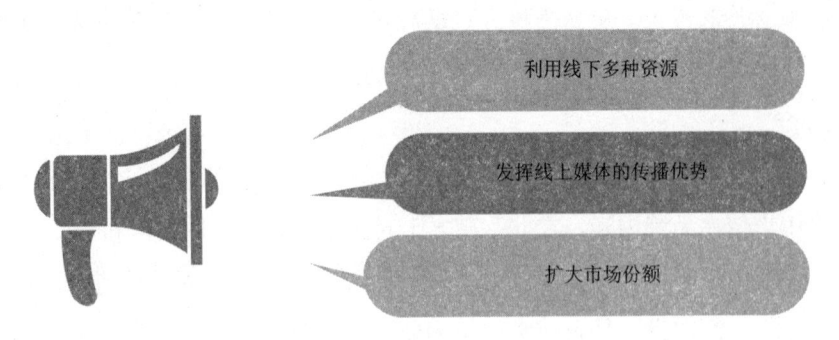

图5-2 企业线上线下一起投入的方法

第一，利用线下多种资源。传统的线下媒体，如电视、户外广告、报纸、杂志等，依然在扩大品牌影响力、促进品牌宣传推广方面发挥着重要的作用，新零售品牌想要快速扩大自身的影响力，在线下投入必不可少。现在大多数传统的零售企业都进行新零售转型，但是在传统媒体上的广告投入依然没有减少。例如，在人流较大的地方铺设品牌宣传海报，在商场大屏幕投放广告，在地铁站和市中心张贴大幅广告等。

第二，发挥线上媒体的传播优势。由于网络的发展和新零售趋势的带动，线上媒体发展迅速，许多用户聚集在线上。微博、微信公众号、个人网站、视频网站以及各种App等，都是能够为企业宣传品牌带来大量流量的渠道。

第三，扩大市场份额。除了在线上线下进行品牌宣传推广外，产品市场占有率提升、线下店铺的扩张等也是有效的品牌宣传方式。如果企业的产品在市场上占据优势地位，那么品牌的影响力自然也会提升，二者相辅相成。

总之，企业可以从这三个角度入手，线上线下一起投入，优化资源配置，实现品牌宣传效果最大化，打响品牌。

进阶篇
流量裂变操作方法

第六章

引爆现象级 IP：把故事讲给全世界

企业在打造 IP 时，可以采取讲故事的方式，利用故事效应，使用户产生共鸣，但是企业要选择合适的故事，用情感打动用户，引爆现象级 IP。

第一节 故事效应：让用户产生共鸣

如果企业想要使品牌"出圈"，可以选择讲故事的方式将品牌价值观、内涵传递给用户，使用户产生共鸣，从而心甘情愿进行消费。

一、故事是最好的传播方式

如今是一个信息繁杂的时代，各种资讯扑面而来，用户目不暇接。为了能够有效传播信息，一些品牌开始使用讲故事的方式。故事是最好的传播方式，以故事为载体传播信息可以吸引大量的用户，形成惊人的转化。

在新媒体时代，比较流行的一个营销手段是跨界联合，就是将品牌和产品与漫画、小说、电影等各种故事展现形式结合起来，把故事的粉丝转化为品牌的粉丝，高效地进行品牌营销。

一个品牌有了故事，就能够超脱品牌和产品的束缚，基于故事实现不断传播。即使并不是产品的使用者，人们也能在故事传播的过程中演变成产品的潜在用户。

例如，百雀羚作为国货品牌，拥有悠久的品牌历史。其创建于 1931 年，以"小蓝罐"在当时的贵妇圈掀起了一阵热潮，"小蓝罐"成为当时火热的美妆产品。

百雀羚经历了历史的积淀,但却一度被岁月掩盖了往日的光辉,"小蓝罐"也在日益丰富的美妆市场中失去了竞争优势。

为了重新夺回市场,百雀羚将其悠久的历史故事作为突破点,打造了广告短片《百雀羚1931》,带领用户回味过去。通过这个视频短片,百雀羚能够更好地传递品牌文化,使用户感受到创始人创业的艰辛,对企业文化产生深刻的认同,实现了品牌宣传。

很多知名的品牌,都拥有一个和品牌发展史密切相关的故事。大量的实践证明,故事是最好的信息传播方式。

二、故事三要素:背景+情节+人物

一个优秀的故事需要具备三个要素,分别是背景、情节和人物。企业需要在重视这三个要素的同时,不断对各个要素进行细化和完善。企业需要通过一个好故事将品牌理念传递给用户,并与用户产生情感连接。

那么,什么样的故事能够使用户产生共鸣呢?那就是内容齐全、三要素完整的故事,如图6-1所示。

背景:真实 → 情节:有逻辑性、借鉴性 → 人物:模糊化

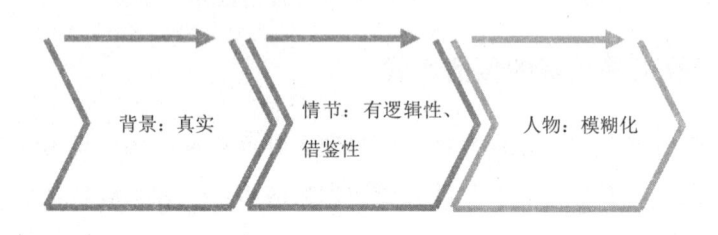

图6-1 故事三要素

1. 背景:真实

企业需要将故事的背景尽可能地放置在真实、随处可见的场景中,使故事发生的背景更贴近用户的生活情境,让用户感觉故事是真实的,是与自己的生活息息相关的。例如,Happy Socks(一个袜子品牌)的品牌故事以"把生活中的平凡物品变成快乐的艺术品"为主旨,让广大用户知道品牌创立的目的,从而对这个品牌产生好感。

2. 情节:有逻辑性、借鉴性

既然是品牌故事,那么故事的情节就应该展现品牌的核心价值,而且

还要有较强的逻辑性。企业可以基于以下六个问题设计故事情节，使故事具有逻辑性。

(1) 这是一个什么样的品牌？

(2) 品牌的竞争力在哪里？

(3) 创始人为什么要打造这个品牌？

(4) 创始人的优势是什么？

(5) 企业可以为用户提供什么产品/服务？

(6) 现在企业已经做出了什么样的成绩？

通过企业对这些问题的解答，用户可以评估品牌的专业能力，以及产品/服务是否与自己的需求匹配，更重要的是，用户可以了解品牌的价值观与自己的价值观是否相符，当发现产品/服务、品牌的价值观都符合自己的需求时，用户对品牌的好感度会进一步提升。因此，企业要在故事中融入重要信息，使用户对品牌有更深刻的认知，更好地帮助用户作出消费决策。

大多数故事并不是独一无二的，它们可能拥有相似的情节，而这些情节和许多用户的经历有重叠之处，这也是为什么大多数的故事看起来很相似的原因。例如，很多企业借鉴用户生活中的某些情节，将其化用到故事中，这样不仅能使故事更具真实性，还更容易引起用户的共鸣。

3. 人物：模糊化

企业在讲述故事时需要将人物模糊化，即尽量不要把人物的能力、性格、经历描述得太过详细。对于企业来说，将人物描述得具象化能够使其形象更鲜明、真实，但可能会使没有经历过这些事情的用户难以产生共情心理，从而降低故事的代入感。

很多企业注意到了这一点，在讲创始人的故事时会模糊创始人的性格和专业技术能力，而着重讲述创始人不折不挠、努力奋斗的经历，这样更能让用户产生代入感，对创始人心生敬佩，从而有利于故事的传播和品牌的推广。

能够让用户产生共鸣的故事就是好故事。企业要从背景、情节、人物等方面入手对故事进行组织和打磨，让故事能够更好地吸引用户，促进品牌形象的树立和传播，这样也有利于用户熟知并记忆品牌，让用户成为品牌故事的传播者，进一步扩大品牌的影响力。

三、一个极具吸引力的"理想主义者"故事

许多品牌创始人都擅长讲故事，例如，罗永浩曾经讲述一个极具吸引力的"理想主义者"的故事，吸引了大量的用户。

在一次推广锤子手机的活动中，罗永浩发表了演讲，演讲的主题是"一个理想主义者的创业故事"。在这次演讲中，罗永浩没有花费大量的时间介绍锤子手机的外观、性能，除了寥寥数语介绍了一些具体的销售数据之外，其余的重心都放在他不断拼搏的创业经历上。

在演讲中，罗永浩讲述了他在手机行业创业时遇到的种种困难，以及他解决这些困难的方法、收获及感想，这次演讲的效果非常好，罗永浩的故事让许多观众产生了共鸣，丰富了锤子手机的品牌形象。

罗永浩的演讲主要包含四个主题，分别是锤子科技遇到的困难、锤子T1的参数及设计理念、"天生骄傲"的品牌价值观、告别"理想主义创业者"的身份。

罗永浩通过这四个主题，向用户、其他故事受众，甚至竞争者，传递了一个在逆境中坚持初心的创始人形象。故事受众可以从故事中了解罗永浩面对困难时展现出来的坚持品质的决心、研发锤子T1时做出的众多努力、锤子科技坚守的"天生骄傲"的品牌理念以及罗永浩决心放弃"理想主义创业者"的身份转变为企业家的决心。

罗永浩通过这个故事向用户展现了创业的不易、产品研发的艰难、品牌的理念以及品牌未来的发展决心。罗永浩不仅赢得了用户的支持和认可，还成功通过故事扩大了品牌的影响力，为品牌做了一次有力的宣传推广。

罗永浩的"一个理想主义者的创业故事"演讲是一次与发布会截然不同的宣传。他重点向用户传播手机背后的故事，而不是手机本身的客观数据、属性。很显然，故事让演讲变得鲜活而有力。

综上所述，企业可以打造一个极具吸引力的故事促进品牌传播。一个

易于传播的故事，能够更好地引起用户的共鸣。故事能够强化品牌的价值观和核心理念，能够传递更多的品牌内涵，能丰富品牌形象，使品牌变得有血有肉，从而更容易得到用户的信任与支持。

第二节　哪种类型的故事更适合你

企业应该结合自身情况选择合适的故事类型。故事类型主要分为三种，分别是创始人故事、产品故事和品牌主张故事。

一、创始人故事

情感与故事都可以作为营销要素，如果将两者结合，利用故事传递情感，就会吸引更多用户。品牌通过讲述创始人的故事，可以使用户感同身受，更容易获得用户的肯定。

对于李宁这个国货品牌，大家一定不陌生，尤其是近几年掀起的"国潮风"，更是提升了李宁的知名度，使其打开了更加广阔的市场。李宁这个品牌由"体操王子"李宁在1990年创立。李宁在中国无疑是一个家喻户晓的传奇人物，他创造了世界体操史上的神话，先后摘取14项世界冠军，共赢得100多枚金牌。

作为一个运动员，李宁以其独特的魅力获得"体操王子"的称号。在退役之后，李宁决定投身商场，创立了以自己名字命名的体育品牌——李宁。

对于一个运动服装品牌来说，李宁本身的独特背景和经历让李宁品牌拥有重要的无形资产，这也是李宁品牌能够成为国内比较具有辨识度和鲜明度的运动服装品牌的原因。2004年6月，李宁公司成功在港股上市。

经过30多年的研究、探索，目前，李宁已经成为中国知名度比较高的体育品牌，市场占有率也比较高。

李宁品牌以"一切皆有可能"作为品牌口号，是较早赞助中国亚运、奥运体育代表团,较早出现在美国 NBA 赛场,较早赞助国外运动队的中国体育品牌,这也代表着中国的体育用品行业的发展进入了一个全新的阶段。李宁品牌以"运动燃烧热情"为使命,致力于打造专业的体育用品,追求更高境界的突破,努力让运动改变生活,让运动成就未来。李宁品牌的发展历程始终贯穿"一切皆有可能"的品牌精神。

如今的李宁,不仅是一个体育用品品牌,还是健康生活方式的引导者和推动者。退役后的李宁在事业中不断挑战自我、寻求突破,李宁的拼搏精神既是他的体育精神的表现,也是品牌所遵循的发展理念。李宁品牌一直以来秉承"赢得梦想""消费者导向""我们文化""突破"的核心理念,努力成为具有时尚性的国际专业运动品牌。

二、产品故事

用户很容易被故事吸引,因此,企业可以尝试讲述产品故事,使用户对产品产生好奇,增加产品的吸引力。

企业在讲述产品故事时,可以从产品的特性入手,注重强调产品的功能,以吸引更多注重功能的用户。例如,风谜网络科技有限公司(以下简称"风谜科技")的创始人,专注于户外运动服装研发,夜跑服、暴风衣、户外运动包等产品一经上线,就受到众多年轻人的喜爱。

创始人在创立风谜科技之前从事的是众筹服务工作,众筹的产品类型众多,包括智能产品、文创产品、服饰产品等。偶然的一次机会,他在国外众筹平台看到一款白衬衫,这款服装是"上班族"必不可少的一件衣服,但它的缺点是容易脏、不易清洗等,这激起了他的兴趣,他想寻找一种能够完美地克服这些缺点的技术手段。

创始人便从面料入手,亲自寻找能够达到这种目的的技术。在他的不懈努力下,终于找到了能克服以上这些缺点的新技术,并将之应用到衣服上。改进后的白衬衫上线一个月,便售出 7 000 多件,受到了用户的广泛关注。

白衬衫上线之后,创始人不禁思考一个问题:服装的作用到底是什么?仅仅为了美观、时尚、保暖?他认为,服装应该在不同的场景有不同的功能，于是便产生了定制功能服装的想法，并创立了风谜科技公司，专注于户外运动服装定制。

俗话说："找专业的人做专业的事。"风谜科技从产品功能出发，打造了属于自己的功能性服装品牌。除了暴风衣之外，风谜科技还开发了许多功能性户外运动装备。暴风衣的特点是防水、环保、抗风、抗寒、时尚；夜跑服在夜晚能够发光，透气性很强；城市通勤包的特点是能够防水、透气、简约、时尚等。如图 6-2 所示为风谜科技的夜跑服。

图 6-2　风谜科技夜跑服

总之，如今的产品市场百花齐放，产品想要在其中脱颖而出，讲述产品故事是一个好办法。

三、品牌主张故事

随着用户的要求逐渐提高，品牌开始尝试从赢得用户认可入手，推销产品。品牌以品牌主张故事为切入点介绍品牌文化，可以增强用户的认同感。

例如，传纯的设计师何山流一在其 16 岁时进入服装行业，拥有丰富的服装设计经验。传纯的前身叫 CC（chuanchun），但无论名称如何变化，用户认可的都是何山流一这个设计师，而不在乎服装品牌的名字。

何山流一的作品剪裁细致、色调纯净自然，其从不盲目随大流，但始终走在时尚前沿，运用的大多是典雅、中性色调的布料，展现了简洁、大气的时尚风貌，这也是传纯的设计哲学。

传纯的成功是因为他设计的服装中透露出传承清纯的主张，用户随处都能感知传纯的色彩空间和时尚之风，这也是何山流一对"清纯优雅，长寿永存"概念的表达。他所打造的传纯品牌，代表的是一种思想，一种学者不断追求自身清纯本色的独特思想。

传纯品牌服装大多使用一些纯天然的舒适面料，如棉、麻、毛、丝等。不同质地的面料的搭配，再加上剪裁得体的设计、简洁流畅的线条，体现了设计师何山流一一直追求的清纯理念——与自然相生相融。而在设置服装的款式时，何山流一强调单品之间可以随意搭配，不受拘束。

再如，某手机品牌每年都会推出一部由该品牌手机拍摄的贺岁短片。2023年春节，该品牌推出了贺岁短片《过五关》。《过五关》主要讲述了一位名叫朝晖的青年学习京剧表演的故事。在新兴娱乐表演形式的冲击下，传统戏曲表演大受影响，但是朝晖并不放弃，而是坚持自己的梦想，在流行与传统文化的冲突下，朝晖完成了自我成长，以关公扮相完成了一段《过五关》表演。

该品牌与传统戏曲相结合，体现了艺术与技术的碰撞，该影片展现了手机相机的强大功能，它能够捕捉演员的妆容与动作细节，使演员的舞台表现更具魅力。

影片在叙述朝晖故事的同时，也传递了该品牌的理念——虽然生活充满困难，但该品牌手机能为生活注入更多的能量，推动用户一步步向前走。

第三节　如何将品牌打造为IP

IP是品牌形象的综合体现，背后包含着品牌的文化、价值、定位等。品牌通过打造IP，可以增强自身的知名度，获得更多用户的喜爱，但是打造品牌IP并不是一件容易的事情，企业可以遵循以下三个步骤，打造品牌

IP：一是明确定位，瞄准有需求的用户；二是重复宣传，加深用户对品牌的认知；三是善用 STEPPS 法则，赋予 IP 影响力。

一、明确定位，瞄准有需求的用户

企业将品牌打造为 IP 的第一步是明确定位，包括明确品牌的价值观、品牌文化等。只有明确定位，企业才能够有针对性地打造 IP，满足目标用户的需求。企业明确定位，瞄准有需求的用户可以分为以下几个步骤：

第一步，界定用户

企业一般会通过两个要素界定用户：内在属性、外在属性，如图 6-3 所示。

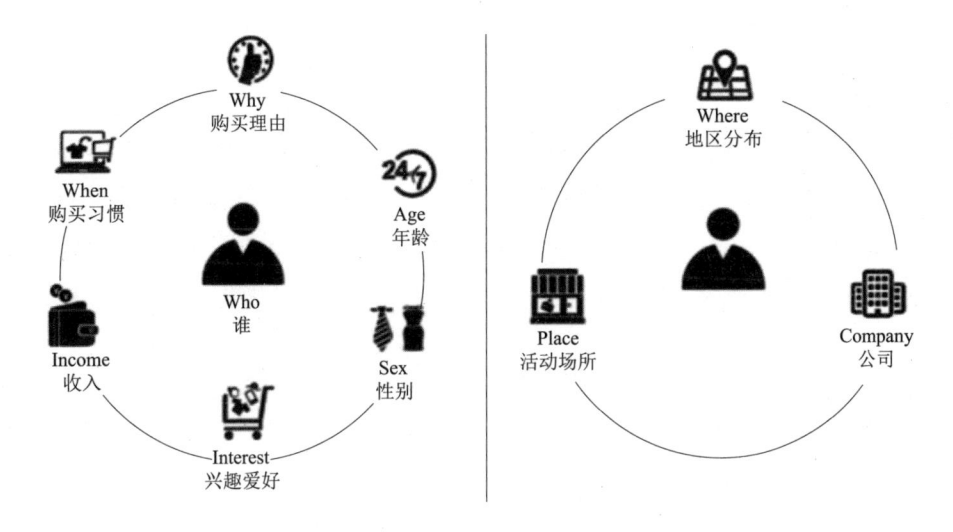

图 6-3　内在属性（左）与外在属性（右）

企业清晰地列出用户的属性，就可以初步定位目标群体，但这样还不够精准，企业需要进一步缩小用户范围。

第二步，分析用户的购买能力

企业可以通过收入、平均消费水平、是否购买过相关产品等方面来分析用户的购买能力。购买能力也体现在用户拥有哪些有价值的产品上，例如，拥有奢侈品品牌服装、高级定制服装的用户往往有更强的购买能力，这样的用户往往是高端品牌的目标用户。

第三步，了解用户的消费历史

企业要想预测用户接下来会购买什么，就需要先了解用户最近购买了什么，以及正在购买什么。通过了解用户的消费历史，企业能够分析用户对产品的潜在需求、购买产品的可能性、是否购买过与企业产品同类或者相关联的产品、是否购买过竞争对手的产品。例如，香奈儿可以分析用户是否购买过普拉达或者阿玛尼的产品。

从用户的消费历史中，企业可以轻易地筛选出对自己的产品有了解，不需要常识教育，而且有能力购买产品的用户，这样可以节省很多营销时间，提高营销效率。

第四步，挖掘用户的购买需求

用户为什么会购买产品，因为他们有需求。用户是否对产品有需求决定了他们购买产品的速度与可能性。对于企业来说，如果用户曾经购买过竞争对手的产品，那么意味着用户对自己的产品也是有需求的。如果用户关注某款产品的特点、评价，那么他们可能对这款产品有需求。企业可以从相关网站找到有需求的用户，引导他们购买产品。

第五步，判断用户的消费频率

消费频率越高，用户的价值越大，也就是说，如果企业能够锁定消费频率比较高的用户，就更容易促成用户的购买行为。企业可以从用户的消费历史着手判断用户的消费频率，在这方面，企业不妨开展相关的有奖调研，平时也要多关注行业内的信息与数据。

第六步，进行市场细分，锁定用户

企业进行市场细分主要是为了将目光聚焦在最容易产生效益的用户身上。市场细分有利于企业规避竞争，使企业能够锁定认可产品的用户，形成独特的竞争力。

第七步，提取高价值用户的特征

通过以上六步，企业已经对目标用户有所了解，下一步就是把最可能购买产品的高价值用户筛选出来，提取其特征，方便之后进行更精准的宣传和推广。在提取高价值用户的特征时，企业需要做好以下两件事：

（1）分析老用户。企业可以分析已经成交的老用户，从中提取共性特征，如年龄、喜好、消费历史、活动场所等。

（2）分析竞争对手的用户。企业可以分析竞争对手的用户，包括客单价、用户消费情况、用户购买偏好等，然后通过对比，更鲜明地概括自己用户的特征。

通过以上七步，企业可以明确目标用户的特征，如年龄、消费能力、购物偏好、活跃的平台等。企业只要集中"火力"瞄准这些有需求的用户，用优质的产品打动他们，就可以更轻松地达成交易。

无论是服装销售还是其他类型的销售，很多工作都是围绕用户展开的。如果没有用户，企业很难获得良好发展。笔者认为，如果用一个词形容商业的核心，那就是用户。企业要找准目标用户，不断提升用户的体验，积累更多老用户。

二、重复宣传，加深用户对品牌的认知

打造品牌 IP 是一个漫长的过程，企业可以将重复宣传作为营销手段，加深用户对品牌的认知。企业可以依靠重复宣传，占据用户心中一席之地，使越来越多的用户成为品牌的拥护者。例如，用户可以清楚地记住以运动、体育为宣传点的李宁；以时尚、潮流、都市丽人为宣传点的 37°love。

只要品牌在推广时不断重复自己的宣传点，尽量让宣传点多次出现在用户面前，就能加深用户的记忆。对此，有人总结了一个能让用户记住品牌的公式：重复的宣传点＋极简的内容＋突出产品特性，即对与品牌和产品相关的重要信息进行重复。

用户在作消费决策时靠的不仅有理智，还有对产品的记忆和印象，因此，企业要想让品牌深入人心，一定要重复宣传，迅速影响用户。在具体操作时，企业可以从以下四个方面着手，如图 6-4 所示。

```
┌──┐
│🎤│──◆  宣传内容重复
└──┘

┌──┐
│🔒│──◆  长时间重复宣传
└──┘

┌──┐
│⚙ │──◆  重复广告中的关键点
└──┘

┌──┐
│📍│──◆  声音不断重复
└──┘
```

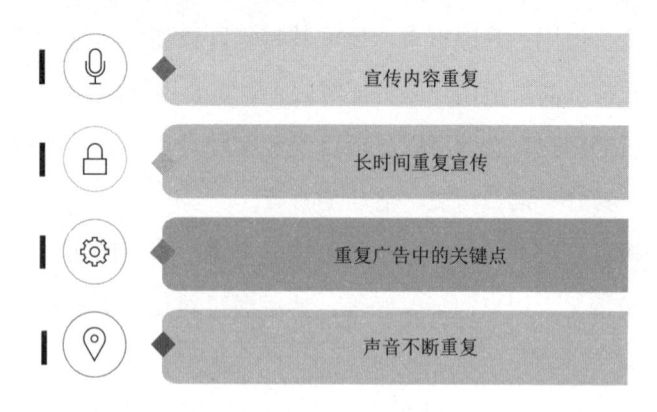

图 6-4　企业应如何重复宣传

1. 宣传内容重复

宣传内容要始终围绕一个核心，不要试图在一个广告里展示与品牌相关的所有信息。而企业想要做到这一点，首先要有一个清晰的定位。

2. 长时间重复宣传

宣传活动需要经过一段时间的积累才可以看出效果，因此，企业要想影响用户，就必须占用用户更多的时间，不断进行品牌价值输出。例如，特步、李宁等知名品牌高频率地举办宣传活动，将 IP 深深地"钉"在用户的心中。

3. 重复广告中的关键点

广告要重点突出一个关键点，如产品优势、价格优势、品牌愿景、企业定位等，这样有利于在有限的时间内，让广告中的关键点高频率地出现在用户面前，最终达到深化用户对品牌 IP 认知的目的。例如，某唯品会商家每天在自己的朋友圈为产品打广告，突出产品"低至 99 元"的价格优势，收获了一批注重性价比的粉丝。

4. 声音不断重复

对于自己脑海里的声音，用户记忆深刻，甚至能够脱口而出。例如，很多"洗脑"广告就是通过不断重复，让一句广告语在用户的脑子里挥之不去，形成一个声音。一旦用户接触到一些相关的信息，就会自动触发品牌的广告语，对品牌的认知和记忆就更加深刻。

在重复宣传时，企业应注意两点：一是宣传要实现全网覆盖；二是广告语要"魔性"，便于记忆。在品牌 IP 化的过程中，企业应该明确地向用户表达"我是谁""我的产品为什么对你很重要"，找到可以引发用户共鸣的宣传点，然后不断重复。

三、善用 STEPPS 法则，赋予 IP 影响力

在信息泛滥的时代，用户对于铺天盖地的广告会习惯性地忽略，因此，企业应该转变营销思路，将用户作为主体，找到用户与品牌的连接点，借助用户进行品牌传播，引发裂变效应。为了更好地指导企业进行品牌营销，宾夕法尼亚大学沃顿商学院教授乔纳·伯杰提出 STEPPS 法则，如图 6-5 所示。

S	社交货币（social currency）
T	诱因（trigger）
E	情绪（emotion）
P	公共性（public）
P	实用价值（practical value）
S	故事（story）

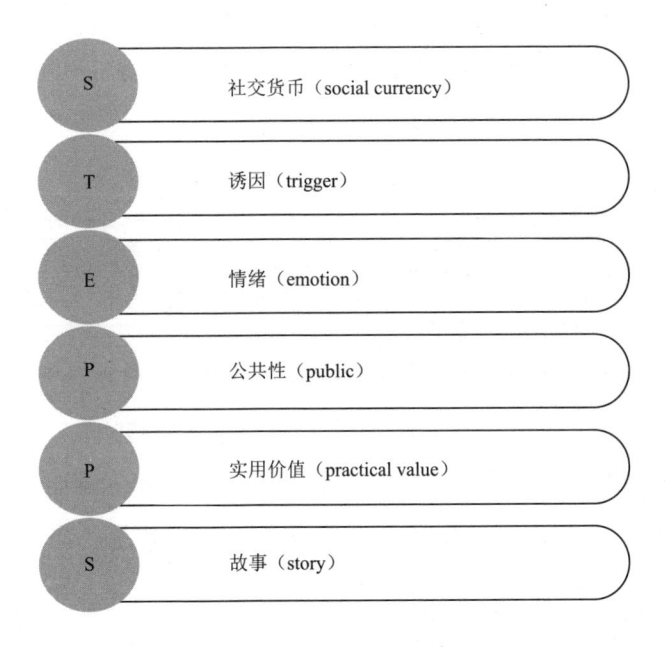

图 6-5　STEPPS 法则

1. S：社交货币（social currency）

社交货币是指社交活动的必备条件，通俗地讲，社交货币包括提供谈资、表达想法、帮助用户、展示形象、促进比较五个部分，这五个部分构成了一个循环过程。在这个过程中，企业要了解并满足用户的需求，打造

符合用户价值观的品牌形象，让他们愿意与企业站在同一条"战线"上，而企业可以从中获得流量和用户的信任。

2. T：诱因（trigger）

诱因是在产品与用户生活之间建立连接，让用户将产品与生活中的某个场景联系起来，激发用户对产品的购买欲望。例如，某品牌通过动人的品牌故事讲述了其创始人一生都在追求自己想要的生活，是女性自主的典范；同时，其在服装设计方面也注重女性的穿着体验和自主的追求，在女性只穿裙子的时代推出了女装裤子和其他带有中性元素的服装。香奈儿品牌故事的出发点是女性主义，鼓励女性自信、独立、追求自我，这能够与用户建立情感连接，激发用户的购买欲望。

3. E：情绪（emotion）

所谓情绪，就是引起用户的情感共鸣，以情感驱动用户购买。情绪有正向情绪和负向情绪，见表6-1。

表6-1 正向情绪与负向情绪

正向情绪	敬畏、愉悦、兴奋、惊喜、宽容、平和
负向情绪	生气、担忧、焦虑、悲伤、失望、恐惧

企业可以通过预期效应激发用户的惊喜情绪，为用户提供超预期的额外服务和小礼品，创造"惊喜时刻"，与用户建立情感连接，使用户对品牌有好的印象。例如，企业可以为购买裙子的用户赠送腰带、项链等配饰，激发用户的兴奋点，促使她们主动进行口碑传播，让品牌进一步增值。

4. P：公共性（public）

公共性是指人们具有从众和模仿心理，这种心理会对购买决策产生影响，甚至引发集群效应，因此，企业要营造一种"大多数人都在买"的氛围，例如，与用户沟通时，客服人员可以这样说："这件衣服的销量是最好的，款式也是今年非常流行的，很多人都已经下单了，您就不要犹豫了。"这时用户会对衣服有比较强的信任感，从而产生购买行为。

5. P：实用价值（practical value）

只要产品对自己有帮助，用户就愿意将这个产品介绍给其他人，由此使品牌传播开来。例如，某网店在自己的商品详情中介绍了一款新面料——莫代尔，将这款面料的特点和优势展示给用户，以吸引用户购买，如图 6-6 所示。

图 6-6　某网店对莫代尔面料的介绍

该网店在一定程度上展现了面料的实用价值，让用户感觉衣服的质量是有保障的，从而愿意购买衣服。

6. S：故事（story）

很多人都喜欢听故事，因为故事能够满足人们的好奇心和探索欲，寄托了人们对美好生活的愿望。故事不仅可以将产品或者品牌置于某种情境中，还可以帮助品牌潜移默化地向用户传递情感。企业应该精心打造自己的故事，包括结构、矛盾点、案例等，学会将产品融入故事，从侧面宣传品牌。例如，星巴克以希腊神话中海妖塞壬的形象作为品牌的 logo（标志），提到星巴克，人们就会想到其标志性的 logo，也会被海妖瑰丽传奇的神话故事所吸引。星巴克将品牌故事与希腊神话中的海妖塞壬的故事结合在一起，为企业披上了一层"神秘面纱"，对用户很有吸引力。

在信息大爆炸时代，用户对广告通常有比较强的免疫力。企业可以遵循 STEPPS 法则，让产品、品牌根植于用户心中，不断提升 IP 影响力。

四、匹克：借助"运动＋科技"扩展 IP 边界

在打造品牌 IP 方面，许多企业积极将旗下产品与科技相结合，吸引用户的目光。例如，匹克（PEAK）以"运动＋科技"为核心，将自己打造成敢于创新、敢于革新、敢于行动的科技型国货品牌。匹克在科技创新方面已经取得了不错的成绩。2020 年 11 月，匹克与卢浮宫博物馆携手举办联名大秀（如图 6-7 所示），改变了传统品牌"不够酷、不够潮"的用户刻板印象，带来了很多融合科技与艺术元素的产品，此次活动不仅让匹克有了更高的知名度和更强大的影响力，还为当年"双 11"创下了近 2 亿元的销售额。

图 6-7 匹克与卢浮宫博物馆的联名大秀

匹克作为运动领域的佼佼者，一直坚持创新，希望用科技提升生产效率。匹克引进了 3D 打印技术，成为智能制造领域的引路人。例如，2022 年，匹克推出"3D-启源"3D 打印运动鞋、"普罗米修斯"3D 打印镂空休闲鞋。

为了弘扬科技的重要性，传递企业文化和使命，匹克于 2022 年 12 月举办了"匹克 125·未来运动科技大会"，向外界展示最新的科技成果和更完善的行业解决方案。

在这次大会中，匹克发布了最新的科技创新成果——"态极 5.0"自适应跑鞋、"态极"自适应运动服装、澎湃大三角 2.0 篮球鞋、3D 打印方

程式跑鞋等一系列全新旗舰产品，此次大会将匹克品牌科技创新理念与数字化体验有机结合，为用户打造全新的视觉和互动体验。

与往届大会不同的是，此次大会应用虚拟现实技术，打造了一场跨越虚实边界的沉浸式元宇宙直播。匹克在元宇宙中演绎品牌故事、用虚拟技术360°演示产品，将品牌科技创新理念与数字化体验有机结合，为用户打造全新的视觉和互动体验，这也是国内体育品牌首个元宇宙发布会。

匹克CEO在大会上表示："拥有全球唯一的运动材料研发中心、全球唯一实现3D打印设计制造一体化智造中心的匹克，是拥有改变整个运动装备市场力量的。"

匹克一直致力于科技研发，将更多新兴科技应用到篮球鞋、拖鞋、健步鞋等产品上，使这些产品迅速成为爆款。匹克还将智能、环保、数字化的鞋服创新理念应用到更多的运动场景、竞技领域与行业中，形成自己独特的品牌优势，让更多的用户体验高品质的运动科技和运动装备。

第四节　强强联合：双IP的巨大魅力

随着许多品牌开始打造IP，IP的营销方式发生了改变。品牌不再满足于打造单个IP，而是趋向于进行IP跨界合作，强强联合，展现双IP的巨大魅力。

一、与定位、理念一致的IP联合

品牌可以选择与自己定位、理念一致的IP进行联合，这样品牌可以借助对方强大的用户基础，通过合作，进一步扩大自己的知名度。

例如，在国货相继崛起的当下，国产品牌持续发力，从潮流的跟随者转变为引领者。四川长虹与361°作为老牌国货，共同实现了跨界碰撞，推出了"国运长虹"系列联名服装，展现出了国潮风尚。

这次推出的联名服饰上印有"中国"二字的手写繁体，苍劲有力的文字传递出华夏力量,不仅展现了国潮的自信,更突出了当代年轻人热情洋溢的精神。

长虹作为家电领域的佼佼者,展现了其国产科技方面的实力,361°则表达了运动潮流方面的自信,二者在产品方面始终坚守突破创新,为用户不断带来优质的产品,获得了用户的喜爱。

某卫视与良品铺子展开了合作。《喜剧总动员》第二季的热播,让"吃货"胃口大开,良品铺子成为最大赢家。良品铺子的定位是希望用户在零食的陪伴下开心地笑、用心地生活,本质上与《喜剧总动员》崇尚正能量、创造欢乐的价值导向十分吻合。

《喜剧总动员》是一档原创喜剧综艺节目,适合全家一起观赏,这一场景正好契合了良品铺子的消费场景。良品铺子摒弃了生硬的广告植入,改为"创意中插""压屏条"等新的广告植入形式,与节目中的情景自然地融合在一起,让产品与节目建立了联系。

在节目《婚礼的祝福》中,一开场,演员饰演的老丈人提着良品铺子的手提袋,在婚礼现场撒喜糖,情节和产品非常契合,毫不生硬。节目中类似的场景不少,不管是台前还是幕后,良品铺子都能被参演嘉宾自然地提出来,让观众没有突兀感,反而觉得是情景中的必需品,这样既增加了笑料,又达到了营销的目的。

良品铺子广告植入大获成功的原因是,选择与自身定位、理念十分相符的 IP 合作,从而实现了"1+1>2"的效果。吃零食和看节目都是休闲娱乐方式,二者的结合可以提升用户的休闲娱乐体验,因此良品铺子的广告植入不仅不突兀,还会唤起用户想吃零食的欲望。

二、在内容方面多下功夫

内容是品牌 IP 的重要组成部分,品牌需要从内容入手,与 IP 建立强联系,将商业化营销转变为娱乐化营销,提升用户的好感度,实现销售转化。例如,企业可以与综艺 IP 联名,打造优秀内容。

通过冠名节目提升品牌的认知度是 IP 营销的常用方法之一,但是企业需要在选择合作的节目时慎重一些。在内容为王的时代,单纯冠名、捆绑节目收效甚微，只有品牌与冠名的节目 IP 建立强联系，才能向用户传递品牌理念，打响品牌知名度。

六个核桃在综艺节目 IP 的选择上非常成功，其与央视等知名电视台的热门综艺节目合作，引起了极大的关注。六个核桃作为植物蛋白饮料行业的领导品牌，定位是补充大脑营养的益智类饮料。基于对自身品牌的清晰定位，六个核桃侧重于与知名度高、粉丝基数大，且与自身的品牌理念契合的综艺节目合作。

六个核桃通过数据分析，并结合用户的需求，选择与品牌诉求契合度较高的益智类综艺节目 IP 建立强联系，将品牌的理念植入所冠名的节目中，如江苏卫视的《最强大脑》、湖南卫视的《好好学吧》、央视的《挑战不可能》、东方卫视的《诗书中华》等。六个核桃凭借在这些益智类节目中的高频次亮相，将产品的益智定位与节目的益智定位完美融合在一起，让"经常动脑，多喝六个核桃"的产品主张深入人心，很好地传达了品牌的理念，强化了节目观众对品牌的认知，将综艺节目的观众转化为品牌的消费者，促进了销量增长。

六个核桃把握住 IP 营销的时机，而且不随波逐流。在与综艺节目 IP 合作时，六个核桃变革了传统生搬硬套的冠名方式，转而从内容出发，选择冠名契合品牌理念的益智类节目 IP。六个核桃将产品的内涵深度植入节目，与节目内容融合，向广大 IP 粉丝展示了自己智慧型企业的形象，促进了粉丝的转化，拉动产品销量的增长。

在产品高度同质化的竞争环境中，企业冠名综艺节目 IP 的营销手段已经不再新鲜，在信息碎片化的时代，受众的注意力被大幅稀释。如果企业只是选择冠名热门综艺节目 IP，而不注重内容与 IP 的强联系，就会被受众忽视，造成营销成本浪费。

虽然在未来的 IP 营销中，还会出现各种各样的营销手法，但无论如何品牌都不能忽视内容的重要性。在前期的 IP 选择阶段，企业要注意与品牌建立联系；在后期的 IP 营销阶段，企业要让 IP 产生更多的内容，反哺品牌和产品，让品牌和 IP 建立更强的联系，从而更加清晰地向用户传达品牌的内涵。

第七章

构建视觉体系：让受众迅速记住品牌

品牌视觉十分重要，可以使用户直观地了解产品，还能激起用户的记忆，使用户形象地感知品牌的"温度"。想要构建品牌视觉体系，企业需要学习一些心理学知识，并设计好"语言钉"和"视觉锤"。

第一节 做品牌，得会一些心理学知识

企业在打造品牌之前，需要学习一些心理学知识。心理学知识能够帮助企业更好地了解用户心理，使企业更好地利用用户心理，增强品牌的吸引力。

一、先设计一个朗朗上口的"语言钉"

"语言钉"指的是凸显品牌定位、产品差异化卖点的词语或句子，能够抢占用户心中一席之地。例如，"怕上火就喝王老吉""六神有主，一家无忧"等。语言钉往往比较简洁，能够展现产品特性，形成独特的标签。企业需要设计一个朗朗上口的语言钉，形成自己的品牌特色。

简单至关重要，语言钉能够迅速达到影响用户的目的，是一种高效的宣传策略。例如，用户提到汽车安全，就会想到沃尔沃；提到大吸力抽油烟机，就会想到老板抽油烟机；提到去屑洗发水，就会想到海飞丝。这些品牌反复在用户耳边重复"安全""大吸力""去屑"，强化产品定位，用语言影响抢占用户的心智。

长期以来，中国抽油烟机市场的龙头企业是方太。2014年，老板抽油

烟机的销量一举超越方太，成为冠军，这得益于老板抽油烟机在宣传语中加入了"大吸力"三个字，如图 7-1 所示。许多人烹饪辣椒这类菜肴时难以忍受辛辣味和浓重的油烟味，因此大吸力的抽油烟机是这类人群的迫切需求。

图 7-1　老板抽油烟机宣传海报

老板抽油烟机抓住了用户的这个需求，以大吸力为核心进行产品设计、品牌营销，事实证明，用户乐于为此买单。

自 1927 年创立以来，沃尔沃一直主打安全的理念，其通过广告营销一直反复向用户灌输这个理念。多年来，不管其广告语如何更换，"安全"这个核心词却不曾更换。

沃尔沃曾在广告中将 7 辆车叠在一起，以证明 Hardtop——坚固车身的口号。沃尔沃还在广告中展示过沃尔沃汽车遭受严重碰撞时，车内配置依然完好无损的场景。1996 年，沃尔沃"安全别针"的广告（如图 7-2 所示）获得了戛纳广告节平面广告作品金狮大奖。

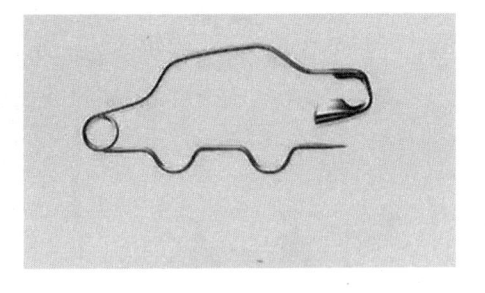

图 7-2　沃尔沃"安全别针"
　　　　　广告设计

为什么沃尔沃能够获得这样一个至高的荣誉,仅因为这个广告简单至极吗?并不是。因为沃尔沃十年如一日地用心阐述安全这个概念,就像颁奖词说的那样:"与其说我们把全场大奖颁给了这个广告,不如说我们把这个大奖颁给了沃尔沃,以表彰它30年如一日,坚持述说一个概念——安全。"

一个词语虽然简短,但它所带来的价值是不可估量的。企业只要能够打造出语言钉,就能用最简单的语言表达品牌的内涵。企业还要不断向用户重复语言钉,从而让他们记住并信赖品牌。

二、"视觉锤"概念为什么会风靡营销界

"视觉锤"指的是可用于品牌识别的非语言信息,可以使用户记住品牌。企业在打造品牌时,不仅需要使用语言钉,还需要使用视觉锤。视觉锤是将语言钉"钉"入用户心智的工具,其为品牌创造的可视度远超过文字能触及的范围。

例如,简爱是一家小众酸奶品牌,其主打产品是一款"裸酸奶"。裸酸奶由生牛乳发酵而成,配方干净,成分简单,不使用任何添加剂。同时,味道十分醇正,具有浓郁的奶香味道。

而其包装也合理地运用了视觉锤。视觉锤的设计思路是在包装设计中合理安排关键的元素,实现信息的有效传达。而简爱裸酸奶采取蓝白相间的主色调,包装风格简约质朴,如图7-3所示。

图 7-3 简爱酸奶

裸酸奶的包装与"裸"的概念相互呼应，为用户留下了深刻的印象。这种独特的视觉锤更容易获得用户的关注，与竞品形成差异。

人类的左脑和右脑分管不同的功能，左脑是逻辑处理器，右脑是情感处理器。图像比文字表达的情感更丰富，比如一张小孩子的照片会比"孩子"这个词唤起人们更多的爱心。再如，人们在看电影时很容易哭或笑，但看书时却相对理性。

图像可以唤起用户的感情，即便电影和书讲的是同一个故事，但是给用户带来更大冲击的是电影，因此，企业在进行品牌营销时，要注意视觉元素对用户的影响。

第二节 视觉锤六大要素

视觉锤具有六个要素，分别是图形、颜色、产品、包装、动态表达和动物拟人化，这六个要素使视觉锤的传播效率最大化。

一、图形：简单、容易识别

在设计视觉锤时，企业首先需要关注的要素是图形，越简约的图形，用户越容易记住。企业可以打造一个简单、独特的标志，使用户一次就能记住。一个简单明了的图形不仅能够增加用户的记忆点，还容易实现大规模传播。

鸿星尔克的商标像鸿鹄在翱翔，寓意像鸿鹄一样志怀高远，无惧挑战，不断拼搏，成为杰出的典范。鸿星尔克定义了一种精神——倡导坚韧、拼搏、奋进的企业理念。

例如，鸿星尔克在 logo 的设计上就做到了极致的简约，深受用户的欢迎和喜爱，能够加深用户对鸿星尔克的认知。鸿星尔克的视觉锤有着美好的寓意，其 logo 像鸿鹄在翱翔，寓意品牌像鸿鹄一样志存高远、不惧挑战，如图 7-4 所示。

图 7-4 鸿星尔克的视觉锤

通过形状如此简约但寓意丰富的视觉锤，鸿星尔克打响了知名度。在发展过程中，鸿星尔克坚持精益求精，不断用新科技提高产品的舒适性与稳定性。在很多用户心中，鸿星尔克是优质运动鞋与运动服装的代名词。

在视觉锤的形状方面，线条起到了非常重要的作用。线条一般有两种形式：一种是直线，另一种是曲线。直线代表理性，体现着无限的张力和活力；而曲线代表感性和优雅，寓意产品有着良好的弹性，给用户带来柔软、舒适、无拘无束的体验，能够让用户放松心情，感受生活的美好。

在线条上，回力的视觉锤与鸿星尔克的视觉锤有一些不同。回力的视觉锤线条微曲，更具现代意味，如图7-5所示。

图7-5　回力的视觉锤

设计视觉锤的标准不是好不好看，而是它传达了什么，不同的线条可以传达不同的情绪。企业在设计或者更新视觉锤时，必须明确产品定位以及用户定位，然后在此基础上设计既符合品牌形象，又能够得到用户青睐的视觉锤。

二、颜色：冲击感、独特

不同的颜色，不同的纹理，给用户带来不同的感觉，因此，企业需要谨慎选择视觉锤的颜色，以给用户带来更大的视觉冲击。

基础的颜色有七个：赤、橙、黄、绿、青、蓝、紫。事实上，企业要想在颜色上实现视觉锤的差异化并不简单，即使如此，企业也应尽力找到一些非常有效的措施。在选择视觉锤的颜色时，企业应注意以下几点：

1. 名称、口号、视觉锤的颜色一致，更有利于品牌的推广和传播

与多样化的颜色相比，单一的颜色更容易让用户记住。在视觉锤的颜色方面，知名品牌鸿星尔克做得很不错，其视觉锤的设计值得其他企业借

鉴，如图 7-6 所示。

图 7-6　鸿星尔克的视觉锤

鸿星尔克的标志好像展翅翱翔于蓝天的鸿鹄，寓意像鸿鹄一样翱翔天际，勇往直前，无惧挑战，成为典范，表现了鸿星尔克坚韧、拼搏、奋进的品牌理念。鸿星尔克的视觉锤体现了其不断拼搏、追求卓越的精神，也表达了其乐观向上的品牌态度。视觉锤的蓝色源于天空蓝，象征着鸿星尔克沉着、冷静、胸怀天下的品牌形象，以及时尚、大气、简约、典雅的美好气质。

2. 如果品牌是某个品类的佼佼者，就可以通过占领某个特定的颜色，塑造自己的形象和声誉

例如，可口可乐"占领"了红色，向用户传达欢乐、热闹、激情、活力。如果所有品类都已经被其他品牌控制，企业不妨选择一个与众不同的颜色，创造一个独特的视觉锤。例如，阿依莲的衣服以粉色为主，为用户营造了一种淑女、知性、温柔的感觉。

3. 醒目的颜色能够更迅速地吸引用户的注意力，从而使品牌在用户心中占据优势地位

醒目的颜色还可以激发用户的感情，更好地传递品牌理念和企业价值观。例如，橙色非常醒目，可以给用户带来一种轻松、兴奋的心理感受；红色视觉刺激强，让人觉得活跃、热烈、有朝气。

服装店一般开在店铺密集的地方，能不能让用户一眼认出对销量有很大影响，因此服装品牌要提高品牌标志的辨识度。比起使用多种颜色，"中国李宁"红白相间、正方形的品牌标志很有辨识度。

有冲击力、独特的颜色可以使用户对品牌的印象更深刻。一旦品牌有了独特的视觉锤，营销边界就很容易进一步扩展，触达更多用户。

例如，洋河酒厂推出了蓝色经典系列白酒。市面上的白酒品牌大多应用红色作为基础色，而洋河酒厂另辟蹊径，采用蓝色作为基础色。蓝色代表着冷静、睿智、宁静等，为洋河酒厂打造了一个全新的品牌形象。

洋河酒厂借助蓝色实现了对高端酒文化的另外一种诠释，打造了产品差异化，更加凸显了产品的个性，在市场上获得了用户的关注。

为了满足用户的不同需求，洋河酒厂不断在产品上进行迭代，推出了许多蓝色经典系列产品，在白酒市场上占有一席之地。

总之，颜色可以作为独特的视觉锤。企业可以从颜色入手，以独特的颜色打造品牌特点，占领用户心智。

三、产品：具象化、展现个性

产品是打造视觉锤的重要因素之一，产品本身就可以作为视觉锤。企业在打造产品时，应该朝着具象化、展现个性的方向进行，创造与同类型产品不同的记忆点，使用户对品牌和产品形成独特的认知。

为了在用户的心中占据优势地位，企业还可以使用一些夸张的手段打造产品，使其更具象化、更有特色，给用户带来视觉冲击。现在是一个追求个性的时代，用户购买产品不仅为了满足自身的物质需求，还为了满足精神需求。例如，一些用户想通过产品表达自我，展现个性。

如果想在市场上拥有更多优势，企业可以设计一款能够作为视觉锤的产品，给用户留下深刻的印象。卡骆驰（Crocs）就利用产品塑造了独特的视觉锤，强化了产品在用户心中的记忆。卡骆驰的主营产品是有洞的沙滩鞋（如图 7-7 所示），鞋上的洞具有通气和排水的功能。卡洛驰的鞋，让

图 7-7 卡骆驰的主营产品

"丑"成为与众不同，取得了成功。有洞的鞋是一个非常强大的视觉锤，即使这样的鞋可能不是非常美观。除了产品这个视觉锤以外，卡骆驰还有"丑的也可以是美的"这个语言钉。

与卡骆驰相似的还有很多品牌，如古驰（GUCCI）。古驰经常用帆布

制作产品，而且产品上大多有红绿条纹和双 G 互锁标志。双 G 的标志和红绿条纹是古驰最为经典的设计，也是古驰的象征。

古驰醒目的商标图案和红绿搭配的条纹出现在女包、帽子、短袖等产品上，形成了独特的视觉锤，用户在一定的距离外就可以快速识别古驰这个品牌，并将其与其他品牌区分开。

四、包装：与众不同

包装作为产品的外在，可以体现产品的风格。有时候，一个合适的包装可以使得产品在同类产品中脱颖而出。

例如，伏特加为产品设计了一个新瓶子（如图 7-8 所示），再加上产品的价格比其他同类产品略高，这样就创造了一个新品类——绝对伏特加，成功赢得了全球用户的喜爱。

图 7-8　绝对伏特加的包装设计

再如，时代啤酒打造了"啤酒＋玻璃杯"的视觉锤。一般用户喝啤酒都喜欢用玻璃杯，利用这一认知，时代啤酒的广告中经常出现玻璃杯，并设计了一个口号"它不是普通的玻璃杯，而是金杯"，使"时代啤酒＋玻璃杯"的形象深入人心，如图 7-9 所示。另外，时代啤酒还在销售时捆绑销售广告中的玻璃杯，使产品更有辨识度，最终在激烈的啤酒市场竞争中占据有利地位。

图 7-9　时代啤酒和玻璃杯的品牌形象

五、动态设计：信息丰富、感染力

如今，动态表达正逐渐取代平面设计。相较于普通的平面设计，动态表达的信息更加丰富，具有更强的感染力。

例如，亨氏番茄酱的定位为"挤出速度最慢的番茄酱"，意思是他们的番茄酱很黏稠，使用时流速很慢，从而向用户传达他们的番茄酱质量更高、用料更足的信息。因此，亨氏番茄酱的广告设计都是以"慢"为核心（如图 7-10 所示），以让用户记住慢这个动态效果，从而将其与质量联系在一起。

多芬主打香皂中含有 1/4 乳液，在广告中设计了一个把 1/4 乳液倒入香皂中的动态画面。虽然这不是多芬香皂的实际生产流程，但它成功地把多芬香皂含有 1/4 乳液这个信息传达给用户。

图 7-10 亨氏番茄酱广告片段

随着短视频的兴起，用户对于动态画面更感兴趣。企业应该跟随时代潮流，利用动态表达打造视觉锤，吸引更多用户。

六、动物拟人化：亲切感、精神内涵

为了能够快速拉近与用户的距离，许多企业尝试将动物作为视觉锤，并将动物拟人化。例如，知名鞋类品牌红蜻蜓的标志就是一只蜻蜓，如图 7-11 所示。动物形象拟人化或者卡通化更容易使用户对品牌产生深刻记忆，使品牌对用户更具吸引力，有利于品牌推广和产品销售。

图 7-11　鞋类品牌红蜻蜓的标志

类似的使用动物来凸显品牌个性的还有知名男装品牌七匹狼，其选择了狼这种具有顽强拼搏、执着追求精神的动物作为标志，传达了勇往直前、不断开拓的发展理念。

除了图案是一只奔狼外，品牌还将英文"SEPTWOLVES"与中文"七匹狼"结合，象征着企业具有凝聚力。七匹狼的标志以绿色为底色，既让人联想到生机勃勃的大自然，也代表企业的青春、活力。七匹狼利用品牌标志展现男人坚强外表下的另一面，倡导"相信自己，相信伙伴"的狼性文化，引起了男士的广泛共鸣。

很多企业，尤其是服装企业，都以拟人的手法、夸张的表现形式设计一个具象化的视觉锤，从而吸引用户的注意力，塑造良好的品牌形象。有些企业甚至将自己的吉祥物作为视觉锤，这样的视觉锤不仅塑造了一个具有独特性的品牌形象，还能提高品牌的辨识度，帮助品牌在市场竞争中脱颖而出。

第三节　新消费时代，视觉体系必须升级

随着"90后""00后"成为消费主力，为了迎合年轻用户的喜好，许多品牌开始进行视觉体系升级。品牌的视觉体系升级主要分为两步：一步是打造企业的视觉锤等式；另一步是厚积薄发，发挥积累的力量，促进品牌发展。

一、打造视觉锤等式

企业要想让自己的品牌更快地被识别出来，就需要打造视觉锤等式。

企业可以借助图形打造视觉刺激点，设计独特的标志，以与其他品牌标志有明显的区分。

例如，麦当劳曾经的门店设计是这样的：两个黄色的拱门拔地而起，非常引人注目，而且与麦当劳的标志呼应。

众所周知，麦当劳的标志是一个明黄色"M"。从店面设计到产品包装，麦当劳一直在向用户强化这个标志，尝试在用户心中建立视觉锤等式，即让用户在心中将明黄色"M"与麦当劳画等号，让其在其他任何地方看到这个标志，都能第一时间想到麦当劳。

冰激凌品牌 LODOVNIA 曾打造一家可移动的冰激凌店，店的外围墙壁是由 1 000 个白色冰激凌圆筒组合而成，用户在几米之外就知道这是一家冰激凌店。

世界各大知名品牌的标志的演变都是在逐渐加强视觉锤的作用，有的品牌甚至在演变的过程中舍弃了文字。例如，奔驰在 1989 年更新的 logo 中去掉了"Mercedes Benz（梅赛德斯——奔驰）"字样，只保留了三芒星。这些品牌都是在打造视觉锤等式，以将品牌与更简单的图形画等号，尽可能降低用户的记忆负担，让用户对品牌形成更深刻的印象，从而更快地识别品牌。

二、视觉体系升级要点：关注用户认知

研究表明，人类的决策模式是感性先于理性，因此，在进行品牌视觉体系升级的过程中，企业需要关注用户对品牌的认知。

人们在做选择时，总是情感先发生反射，从而指导行动。例如，在选择一家餐厅吃饭时，人们往往会先从情感上分析众多餐厅的优劣。人们最终选定一家餐厅需要经过以下三步：

第一步，参考第三人的经验或参考第三方网站的评价，如大众点评、美团等；

第二步，考虑自身的利益，如菜系、菜品、价位是否符合自己的预期；

第三步，尝试消费。

大多数人在第一步和第二步后就终止行动了,这时餐厅品牌仅停留在用户的认知盲区中,想要激活这个区域,品牌应瞄准用户的核心需求发力,引导用户作出决策。

例如,王老吉"怕上火喝王老吉"的宣传语,就打破了用户的认知盲区,将王老吉与降火紧密联系在一起,让人们产生凉茶能够降火的认知。王老吉广受用户欢迎就体现了认知的力量,产品特性一旦为大多数人所接受,也就慢慢变成事实。

在品牌 logo 升级、品牌形象升级等视觉体系升级的过程中,企业也需要关注用户认知,不要做违背用户认知的改变。水饺行业有一个连锁品牌,从 1996 年起,该水饺品牌陆续开设了 300 多家连锁店,其品牌形象前后三次迭代升级:第一次把朴素的老年妇女脸庞作为品牌形象,第二次把一个女性的背影作为品牌形象,第三次把一个正脸的女性形象作为品牌形象。

而这三次迭代升级没有提升品牌形象,因为很多用户对大娘的认知是一个憨厚、纯朴的上年纪女性形象,而非一个较年轻女子的形象,显然品牌形象升级与用户的认知不符,用户没有在品牌形象中获得对品牌名的认知。尽管官方一再强调品牌主打陪伴的理念,也改变不了用户的固有认知。该品牌后来做了第四次升级。

品牌营销就是抢占用户的认知高地,一般来说,用户在使用产品后,就会对产品形成认知。如果企业想让用户再次选择自己的产品,就要让品牌的外在形象和内在气质始终符合用户的认知。

第八章

强化自传播属性：低成本打造超级品牌

当前，越来越多的品牌开始追求自传播力，打造自传播属性。具有自传播属性意味着品牌自带传播热点，能够依靠用户的力量实现高效传播。企业可以专注于打造吸引用户的品牌，强化品牌自传播属性，低成本打造超级品牌。

第一节　将用户升级为传播者

品牌自传播过程中最重要的因素是用户，企业想要将用户升级为传播者，需要对用户的角色进行了解，找到使用户"尖叫"的爆点，不断吸引用户。

一、梳理用户的四种角色

用户在消费过程中会扮演四种角色，如图 8-1 所示。企业需要了解用户的每个角色，并根据角色的不同采取不同的措施，以吸引并留存用户。

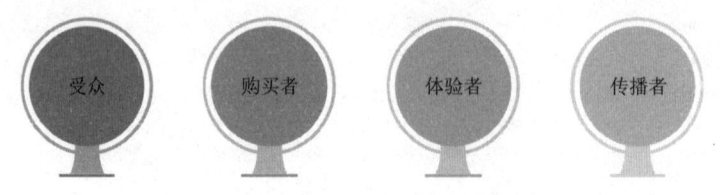

图 8-1　用户扮演的四种角色

1. 受众

受众是用户在购买产品前扮演的角色，它有两个特征：一是茫然，二是遗忘。

茫然是指受众在接收广告信息时是非常茫然的，并不了解品牌，也难以记住品牌，因此，企业在进行品牌营销时，需要把受众从茫然中唤醒，让其注意品牌，愿意和品牌对话。

遗忘是指受众不会长久地记住品牌，受众被唤醒后很有可能遗忘品牌，重新陷入茫然，因此，企业在进行品牌营销时要学会重复，这也是那些已经家喻户晓的品牌还在坚持大规模投放广告的原因，它们要通过不断地重复唤醒用户，让他们一直记住品牌。

2. 购买者

购买者是用户在挑选产品时扮演的角色，购买者往往会在购买环境中搜寻信息。购买环境指的是大卖场、便利店、电商平台等销售产品的地方，用户在对品牌或产品产生认知后就会去搜寻、挑选产品。那么如何做才能让用户选中自己的产品而不是竞争对手的产品呢？

对此，企业要用"媒体思维"设计产品和与用户接触的每一个环节，例如，通过改良包装设计、创新宣传文案等，引导用户购买产品。以黄金酒为例，许多用户送礼普遍喜欢红色包装，为什么黄金酒的包装要设计成蓝色呢？这是因为其他酒的包装以红色居多，而将包装设计成蓝色就能让用户在一片红色的海洋中注意自己的产品。

3. 体验者

体验者是用户使用产品时扮演的角色，在这个阶段，企业要尽可能给用户带来优质的消费体验，以留存用户。

例如，有的洗衣粉里会混入蓝色颗粒。在用户的认知中，洗衣粉往往是白色的，而混入蓝色颗粒的洗衣粉就会给用户留下独特的印象。洗衣粉品牌也借此向用户传递这样的信息：蓝色颗粒是催化酶，能将衣服洗得更干净。事实上，催化酶用户可能了解较少，但洗衣粉增加了蓝色颗粒，可以给用户带来与众不同的使用体验，让其记住产品的特点。

4. 传播者

传播者是用户使用产品后扮演的角色。有了用户的主动传播，品牌才能够深化自传播属性，实现更好的传播效果。如何让用户成为传播者？一方面，产品质量要足够好。产品质量好，用户使用体验好，用户自然会主动向别人推荐产品。另一方面，品牌需要考虑用户在传播产品时会怎样介绍产品。因此，营销文案一定要设计得简单、清晰，便于用户转述产品的功能、特色。

二、找到让用户"尖叫"的引爆点

用户作为品牌自传播的主力，值得企业重点关注。在打造产品时，企业应该以用户为核心，找到使用户"尖叫"的引爆点，促使用户主动传播品牌。

随着技术的进一步发展，科技改变生活已经在人们的生活中体现得淋漓尽致。例如，手摇、电动的晾衣架发展为智能晾衣机。好易点推出的智能晾衣机能够自动识别天气情况，计算太阳的光线角度，根据阳光变化改变晾晒方式，而且可以360°感应式杀毒、除螨，这些强大的功能成为引发用户"尖叫"的引爆点，促使用户主动向他人分享、传播产品。

好产品都是站在用户的角度进行设计的。例如，智能晾衣机针对用户的晾衣痛点，为其提供了一系列健康晾晒解决方案。用户很少会主动进行自我表达，所以产品要学会挖掘用户的潜在需求，并为其提供更简单的解决方案，让其拥有超预期的体验，这样的产品就可以成为令用户"尖叫"的好产品，而好产品自然会得到用户的主动传播。

第二节　AISAS模型：形成自传播闭环

AISAS是一种用户行为分析模型，包括注意（attention）、兴趣（interest）、搜索（search）、行为（action）和分享（share）五个要素，这个模型主要应用在社交网络中，可以形成品牌自传播闭环。

一、注意：集中曝光信息

随着互联网的发展，信息曝光的渠道更多，公众号、自媒体、短视频等渠道层出不穷。企业可以从多个渠道触达用户，吸引用户的注意。用户可以更好地了解品牌，品牌也可以近距离地接触用户，设计并生产更符合用户需求的产品。

用户购买产品建立在对品牌产生认知的基础上，在竞争激烈的市场中，品牌成为用户选择产品的重要依据。为了让用户在众多产品中挑选自己的产品，企业就要利用品牌引起用户的注意。

在引起注意阶段，企业的目标是激发用户的消费欲望，将与产品相关的信息传递给用户，让更多用户了解产品。在这个阶段，企业通过广告宣传能够取得不错的效果。

很多企业都把微博作为新媒体营销的主战场。与其他平台相比，微博有着快速发言、公开阅读的优势，这种优势可以帮助品牌获得更好的传播效果。同时，微信公众号也是品牌宣传的重要渠道。与微博相比，微信公众号的优势体现在内容方面，如可以发布多样排版风格、多样展示风格的内容。因此，企业可以通过微信公众号推送具有吸引力的高质量内容，激发用户的互动积极性和购买欲望。

自媒体、百度竞价、SEO（search engine optimization，搜索引擎优化）也是品牌常用的宣传推广方式，有利于品牌从多个渠道触达用户，引起用户的注意。在引起用户注意阶段，品牌要做的是"广撒网"，要尽可能多地触达用户，实现品牌营销信息集中曝光。

二、兴趣：颜值和体验是两大王牌

在用户购物过程中，品牌需要为用户提供优质的服务，激发用户的兴趣，使用户产生购买行为。品牌可以从颜值和体验两个方面入手，吸引用户的关注。

1. 颜值

用户容易被美丽的事物吸引，产生多巴胺，从而感到愉悦，这也是为什么企业要用颜值激发用户兴趣的原因。好看的产品总是会首先吸引用户的目光，如果某款产品具有很高的颜值，那么即使价格高一些，一些追求美感的用户也会自愿购买。

产品的颜值不仅体现在外表上，还体现在包装、质感、使用感、文化内涵等方面。真正能广泛传播的爆款产品，一定是外表赏心悦目、内涵丰富的。除了产品的颜值外，网店的产品详情页、产品包装、线下门店的装修等也要有颜值，这些都是吸引用户的关键点，值得品牌用心设计。

2. 体验

良好的体验可以加深用户对产品的印象，使用户更容易对产品产生兴趣。例如，体育用品零售品牌迪卡侬（Decathlon）有自己的线下门店，店内除了摆放衣服和鞋子以外，还特意划分了一片区域摆放运动设施，让用户体验运动的乐趣，这种把产品销售与运动体验融合在一起的尝试，能够激发用户对产品的兴趣，从而产生购买行为。

再如，佳能作为一个相机品牌，在发现市场越来越年轻化后，便瞄准了"Z 世代"（指 1995 年至 2009 年出生的一代人）这一消费群体，打造了"R5 次元街"。"R5 次元街"是一个创意影像文化项目，用户可以观看摄影作品，体验佳能的产品，享受摄影带来的乐趣。佳能希望用户能够在美妙的环境中创作优秀作品，拥有美好的体验。

为了能够吸引更多的用户，佳能布置了许多适合拍照的场景，并融合了赛博朋克、涂鸦等时尚因素。用户拍照打卡后可以将图片上传到社交网络，吸引更多用户前来体验。

品牌通过颜值和体验激发了用户的兴趣，便能够吸引用户搜索甚至购买产品。

三、搜索：引导用户主动搜索

在经历了引起注意和激起兴趣两个阶段后，用户会对产品产生一定兴趣，并进行搜索。企业要想从用户的搜索中寻找到有效信息并提高转化率，就需要了解用户搜索背后的意图。用户搜索的产品、访问的网站等可以通过热力图、需求图谱展现出来。

企业需要设置与用户匹配的搜索关键词，将搜索结果以用户喜欢的方式呈现出来。如果企业不对用户的搜索行为进行深入分析，就很难正确地选择有价值的关键词，也不利于了解用户搜索行为背后的意图。

搜索产品是用户的主动行为，通过搜索进入产品页面的用户往往对产品有着很强的购买意愿。用户的搜索痕迹显示了用户的需求，企业要明确用户的需求，就需要整合用户的搜索痕迹，并对用户的心理进行分析，从中探寻用户的真实想法。

用户往往会通过各种渠道搜索产品的相关信息，如口碑、评价、价

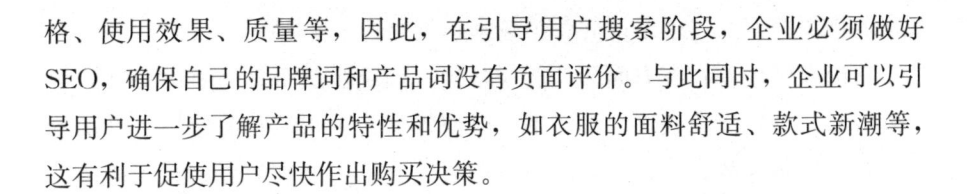

格、使用效果、质量等，因此，在引导用户搜索阶段，企业必须做好SEO，确保自己的品牌词和产品词没有负面评价。与此同时，企业可以引导用户进一步了解产品的特性和优势，如衣服的面料舒适、款式新潮等，这有利于促使用户尽快作出购买决策。

四、行为：激发用户购买

如果用户在引起注意、产生兴趣和主动搜索后对产品十分满意，那么用户很大概率会购买产品。随着购物渠道的增多，用户不仅可以在线下购买产品，还可以在线上购买产品。在购买产品时，用户拥有更多主动权。

用户的行为能够体现他的消费习惯，了解了用户的消费习惯，企业才能为其提供个性化、精准的服务，品牌的营销活动才能够实现更高的转化率，因此，深入了解用户行为是企业在打造营销场景时必须做好的功课。

例如，某品牌策划了一场"打一折倒计时"的活动。首先，该品牌公布了打折时间表，即在活动期间，第一天打九折、第二天打八折、第三天打七折，以此类推，最后一天打一折，这样看来，活动的最后一天购买产品最划算。但是用户会等到最后一天再购买吗？不会。因为商品有限，很多商品不到最后一天就售罄了。

事实上，这个活动一开始就吸引了大批用户的关注，到商品打六折时，很多用户就已经迫不及待地下单了。等到最后一天时，大部分参与活动的商品已经销售一空。在活动过程中，逐渐减少的库存数量激发用户消费，掀起了抢购热潮。

在上述案例中，"打一折"只是一种心理战术，成功激发用户的消费行为，这意味着，在打造营销场景时，企业需要充分了解用户的消费心理，以便更有效地刺激用户消费。

五、分享：反复分享带来高转化率

分享是AISAS模型中的重要环节。用户通过互联网分享产品，能够为品牌带来更多的关注。用户的分享行为是新一轮传播的开始，能够吸引其他人关注产品。

随着社会的发展，用户的消费理念和消费行为发生了变化。在购买产品前，很多用户都会关注产品是否被人分享、推荐过，以此作为衡量产品优劣的依据之一，这也是口碑营销越来越重要的主要原因。

口碑营销体现在方方面面。例如，当人们决定是否去一家没去过的餐厅就餐时，会在大众点评、小红书、微博等平台上搜索相关信息，以了解大众对这家餐厅的评价；当人们计划购买一个陌生品牌的服装时，往往会提前咨询该品牌的用户，了解他们对这个品牌的评价。做好口碑营销，让用户乐于分享，品牌的知名度、传播度才能提高。

例如，丝芙兰是一个综合性的美妆品牌，可以为用户提供化妆品推荐、护肤指导、免费化妆等服务。丝芙兰采取线上、线下同步营销的方式。在线上，丝芙兰打造数字营销平台，进行美妆产品销售，并利用社交媒体发布品牌咨询，吸引了许多用户的关注；在线下，丝芙兰获得线上引流的大量用户，为用户提供贴心的服务，获得好口碑。在这样的口碑营销下，用户经历了从潜在用户到初识丝芙兰再到成为丝芙兰的忠实粉丝的过程，形成完美的用户转化闭环。

在当前的移动互联网时代，用户可以通过各种渠道了解产品的质量、品牌口碑等。做好口碑营销，让用户愿意谈论、分享品牌，品牌才能被更多人知道。

第三节　如何让自传播行之有效

企业想要使品牌自传播行之有效，必须了解自传播的四个前提和推动自传播的八种技巧，实现理论与实践相结合。

一、自传播必须满足四个前提

企业要想实现品牌自传播，需要满足四个前提，如图 8-2 所示。

1. 真实的需求

真实的需求指的是想要实现品牌

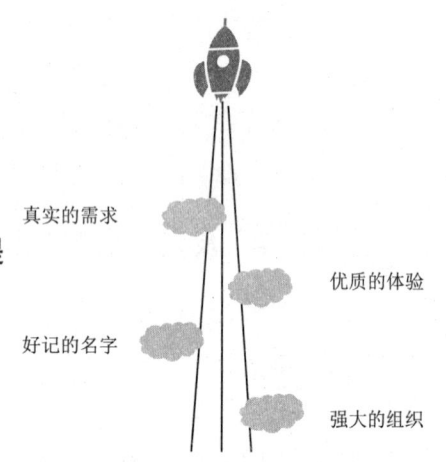

图 8-2　自传播必须满足四个前提

自传播，企业必须打造符合用户真实需求的产品，这就要求企业在充分调研、了解用户需求的基础上进行产品设计，让产品能够真正解决用户痛点，为用户带来优质的体验。同时，企业也需要认真收集用户反馈，根据用户反馈对产品进行优化、升级，使产品能够满足用户新的需求。

2. 优质的体验

在准确地把握了用户的真实需求之后，企业就需要集中精力将产品做好，让用户在使用产品时能够获得优质的体验。对品牌来说，优质的用户体验是十分重要的，这直接影响用户是否会回购、用户对品牌的印象等。没有优质的体验，用户就不会为产品买单，也不愿意分享产品，那么品牌自传播也就无从谈起。

3. 好记的名字

品牌有一个易于记忆的名字，更有利于用户记住品牌。一般来说，易于记忆的品牌名朗朗上口、简洁、独特，在品牌自传播的过程中能够起到积极作用。

4. 强大的组织

品牌营销不仅需要营销部门发力，还需要其他部门的支持和配合。一个强有力的组织是实现品牌自传播的重要前提，是否有强大的组织作为支撑，决定了品牌自传播的效果。

二、推动自传播的八种技巧

推动品牌自传播主要有八种技巧，分别是贴主线、加文案、可视化、定制化、植彩蛋、超预期、参与感和抓热点，下面对这八种技巧进行详细讲解。

第一种，贴主线。贴主线指的是企业在设计和生产产品时，要在产品的核心功能上添加一些能够推动自传播的特质，让产品在一开始就具备自传播的属性。例如，拼多多的定位是一个能够让用户通过拼单获取优惠和折扣的购物软件，用户想要获得折扣和优惠就会自发地传播和推广拼多多。

第二种，加文案。加文案指的是营销文案有趣、瞄准用户痛点，具有自传播的属性。在新零售时代，用户十分关注产品传递的核心理念和思想价值，给产品添加一个有吸引力的文案能够提升产品的自传播力。例如，江小白的营销文案"我是江小白，生活很简单"，传达了品牌主张和年轻化的生活态度，能够提升产品的自传播力。

第三种，可视化。可视化指的是品牌的产品能够被用户发现、关注，从而增加产品被用户自发传播的可能性。企业可以从外观、声音、气味等方面入手设计产品，提升产品被用户自发传播的可能性。例如，珠宝品牌通过经典的蓝色包装让产品被更多用户注意，实现了产品的自传播。

第四种，定制化。定制化是当前很多用户对产品提出的新要求，即产品需要更贴近每个用户的个人需求，能够凸显用户的个性。例如，很多汽车品牌都提供定制化服务，支持用户自由选择车的颜色、内饰等。

第五种，植彩蛋。植彩蛋指的是在产品中植入特定条件下能够触发的意外惊喜，这能够提升产品趣味性，提升用户对产品的兴趣。例如，在微信聊天中发送"生日快乐"，聊天界面会显示掉落蛋糕的特效；发送"么么哒"，聊天界面就会掉落亲吻的表情包。这些小彩蛋都会提升用户的使用体验。

第六种，超预期。超预期指的是精心打造产品，使产品能够为用户提供超乎其预期的体验。产品带来的体验超出了用户的预期，就能够提升用户对产品和品牌的好感度，从而提升产品和品牌的自传播力。

第七种，参与感。参与感指的是让用户参与产品设计、产品优化、产品体验等活动，提升用户对产品的兴趣。用户往往更乐于传播那些他们能够参与其中的事情。

第八种，抓热点。抓热点即紧密结合社会热点提升产品的自传播力。例如，2023年高考前夕，王老吉将自身产品与高考这一热点相结合，推出了印有"语文大吉""数学大吉"等字样的高考定制款凉茶，引发了用户讨论和购买的热潮。

企业可以根据自身需要灵活运用以上八种技巧，推动产品和品牌实现自传播。

第九章

设计顶尖文案：从情感上打动用户

文案对品牌尤为重要，好的文案能够从情感上打动用户，甚至能够带动一个品牌火爆，在无形中为品牌创造更多价值，因此，企业要重视文案的作用和价值，用高质量的文案突出品牌的核心优势，创造更多业绩。

第一节 顶尖文案就是"真金白银"

文案体现品牌文化和产品理念，企业不能忽视文案的价值。文案为何如此重要，文案必须具备哪些要素，常见的文案类型有什么，下面将针对这些问题展开具体论述。

一、切勿忽视文案的价值

好的文案不仅能够塑造品牌的良好形象，还能够传递产品的重要价值，彰显企业在经营、研发、技术、服务等方面的优势。

结合用户的心理需求和产品的卖点设计出来的文案更能直击用户的内心。好的文案能够优化产品页面设计，突出产品特色，增强产品吸引力，而且，好的文案能够实现产品设计、营销、服务等各个环节的良性衔接。

好的文案并不是天花乱坠地宣传产品，而是要直击用户痛点，让用户从文案中看到产品的特性和产品能够给他们带来的价值，让用户能够被文案吸引并认同产品的理念。

二、文案必备四要素

优秀的文案能使品牌和产品得到有效宣传。企业如何才能创造精美的文案？企业需要注意以下关键要素，如图9-1所示。

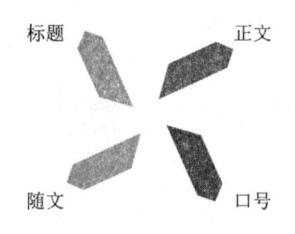

图 9-1　文案必备四要素

1. 标题

优秀的文案标题一定是十分吸睛的。文案标题需要能够吸引用户的注意，让用户想要一探究竟。身处碎片化时代，网络上充斥着大量的信息，用户浏览这些信息时，通常只是看标题，因此，文案的标题是至关重要的。产品文案一定要突出标题，能够快速吸引用户的注意力。企业可以将文案的标题放到醒目的位置，同时，标题尽量新颖、奇特，能够引发用户的好奇心。

2. 正文

标题之后就是正文，正文是文案的主体。正文是对产品信息和销售信息的详细介绍，是对标题的深度解读和详细阐释。在文案的正文中，企业要传达关于品牌理念、产品价值、服务的信息，让用户能够充分了解品牌和产品，让用户觉得这正是他们需要的产品和服务，从而激发用户的购买欲望。

3. 口号

口号是文案的中心，又被称作广告标语，一个好的口号在一个文案中能够起到画龙点睛的作用。广告口号能够加强用户对品牌、产品的印象，增强品牌与用户的情感连接。口号具有以下特征：集中体现广告的阶段性战略；在某一阶段内长期使用；有突出的记忆点。

4. 随文

随文是文案中的附属性文字。一般情况下，随文会附在文案正文的后面，而且随文的内容大多是固定的。随文可以是企业名称、联系方式、地址等内容，也可以是对营销文案正文的补充，如产品购买方法、需要特别说明的内容等。

三、常见的六种文案

文案的种类十分丰富，企业在创作文案时，应该根据自身情况，选择适合自身品牌和产品特征的文案类型和风格。以下是六种常见的文案风格：

1. 简洁犀利

创作文案不是写文章，要避免长篇大论，要尽可能用最少的字数来呈现最丰富的内容。如果品牌把一篇长篇大论的文案发到用户的邮箱里，极有可能被用户当作垃圾邮件。但如果文案简洁犀利，用户愿意阅读的概率就会增加，也更方便文案的传播。

例如，小米手机的文案只有五个字——"为发烧而生"，这样的文案虽然简短，却让无数人印象深刻，起到了绝佳的营销效果。

2. 利用对话增强信任

很多人在作购买决策时，都会参考朋友的意见。一般来说，朋友推荐的产品，用户很大概率会购买，因此，企业可以用对话的形式设计文案，增强用户对产品的信任。

例如，"哇，你的衣服好香啊，可以告诉我你用什么牌子的香水吗？""我没有用香水，我用的是××牌洗衣液，它能够持久留香。"

对话能给人天然的亲切感，增加文案论述的真实性，比起单纯地介绍产品，对话式文案更有说服力。

3. 细节打动人心

细节决定成败，文案中的细节也是如此，细节有助于激发用户的想象，增强文案的代入感。

例如，一款茶的文案有两个版本。版本一："我们从铁观音故乡采摘新鲜茶叶，精挑细选，由专业的茶师进行炒制和烘焙。"版本二："1 000公尺深山里铁观音的故乡，茶文化已存在了近三百年的岁月。茶师十年如一日，五百克精茶，三万五千次决定，需要三万千秒（约347天）夜以继日地逐一挑选，每隔半个小时不间断地翻炒，三十六个小时的炭火烘焙，二次烤制，又是一次三十六小时的文火慢烤。"

显然，第二个版本的文案更能让用户联想茶叶的好品质，因为文案中描述了茶叶采摘、筛选、炒制等细节，并用具体的数字展现了茶叶从采摘到面市的过程中经历的严格工序，彰显了茶叶的品质。

4. 人物素描

每个故事都有主人公，文案也不例外。虽然文案无法像小说一样对人物进行全方位的描写，但可以用一些核心词汇，把主人公尽量塑造得真实、立体。例如，某品牌保健品的文案对父母这样描写："你总抱怨他们买保健品，他们只想多陪你一些。"这个文案中"买保健品"四个字，刻画了父母的常态，让用户联想自己的父母，从而将保健品与父母对自己的陪伴联系起来，这样用户能从情感上接受父母买保健品这件事，甚至会主动为父母买保健品。

5. 制造悬念

好奇心是人类发展的动力。如果产品的文案有悬念，用户就很容易受好奇心的驱使而了解更多关于产品的信息。例如，广告文案大师约翰·卡普斯曾写过一句广告语："当我坐在钢琴旁时，他们嘲笑我，但当我开始演奏时……"这个文案被各大品牌反复模仿，但依然能吸引许多用户的关注，这是因为文案中设置的悬念就像鱼饵，吸引用户不由自主地去探索，希望知道接下来发生了什么。

6. 用现在时来描述

很多企业认为，用户购买产品是将来的行为，因此文案用将来时叙述比较合适，但是将来时代表不确定性，很难说服用户，因此，文案最好使用现在时，以便让用户联想自己使用产品时的场景。

例如，余额宝六周年的文案："用10元一份的炒饭，把6平方米的深夜摊点拓展成60平方米的小店——小蔡，用余额宝6年的'90后'老板。"这样的叙述可以让用户深刻地感受余额宝省钱的特性，即6年时间帮助摊主省出了一间店铺。相反，如果用将来时："一旦你使用余额宝，它将为你节省日常开销。""一旦……将……"这样的表述，很容易让人感觉余额宝能省钱是虚构的，将来会不会发生并不一定，而且用户也很难联想使用产品的场景。

第二节 如何创作顶尖文案

创作一篇完整的文案并不是文案设计的最终目的，能够吸引更多用户、提炼行业价值和社会价值的顶尖文案，才是文案设计的最终落脚点。企业如何才能创作出这样的文案呢？下面将围绕这个问题进行详细解析。

一、搜集高质量、有价值的素材

好的文案离不开高质量、有价值的素材，素材是文案创作的重要前提。企业中的文案策划人员如何搜集高质量、有价值的素材呢？

文案素材搜集也有规律可循，但素材搜集并不是一天能够完成的事。具体来说，文案策划人员需要在平时多积累，把它当作一个习惯，每天有意识地主动搜集高质量、有价值的素材，这样才能在创作文案时实现厚积薄发。

搜集素材的渠道有很多，包括资讯类网站、微博、微信公众号、论坛、贴吧等。微博是一个用户体量庞大的社交平台，文案策划人员可以在热门话题、热门微博里寻求素材，还可以通过认证标识在已认证的账号中挑选粉丝多、互动性强的微博，从中找到所需信息。在微信平台上，文案策划人员可以通过搜索关键词来找到相关的文章。

在论坛、贴吧中寻找素材也是一个不错的选择。每一个论坛和贴吧中都至少有一名意见领袖，文案策划人员只需要找到意见领袖发布的内容，就能够快速了解某贴吧的主要信息。此外，文案策划人员还可以关注加精、置顶帖，一般情况下这些帖子的可读性非常高，也很有深度。

每完成一个项目，或者撰写一篇文案，文案策划人员就需要进行整理和总结，将文案创作过程中用到的、相关的碎片化的素材分类、归纳，建立素材库，为下次的文案创作提供便利，这些素材可以保存在电脑上，也可以存在网盘里，避免丢失，也方便文案策划人员随时查阅。

除此之外，文案策划人员可以尝试固定主题搜集素材，就是先明确一个方向，再集中在这个方向上搜集素材。

例如，一个连锁花店在七夕前的营销重点是与爱情有关的花，因此店主需要撰写相关文案来宣传推广，以吸引用户，提升销量。该店主通过百度、知乎、公众号等渠道，搜集了很多与花相关的素材，然后再撰写文案，该店主最终创作的文案独具一格，切中用户的需求，七夕当天的产品销量十分可观。

二、提炼价值：行业价值＋社会价值

顶尖文案背后是文案策划人员深厚的文字功底，丰富的知识积累，优秀的洞察力、策划力、创新力，以及对价值的提炼，这里的价值包括行业价值和社会价值两个方面。

行业价值是指在同一行业相同产品的宣传文案中，能够做到人无我有、人有我精。只有在行业中有自己独特的价值，产品才能够吸引用户的关注，将流量转化为销量。

创作顶尖产品文案，要求文案策划人员抓住产品的卖点，也就是产品的稀缺性。而且，文案越简单，越能凸显产品优势，带来更多销量。

文案的社会价值体现在提高产品或品牌的知名度、美誉度，塑造良好的品牌形象方面。创作文案时，文案策划人员一定要贴合生活，抓住用户需求，引发用户共鸣和认可，塑造良好的品牌形象。

例如，白象作为用户熟知的国货品牌，一直保持着匠心品质，持续为用户生产美味的产品。白象在做好生产的同时，还进行了许多公益活动，为残疾人提供工作岗位、为困难地区捐赠物资等。

白象的行动感动了用户，许多用户纷纷购买白象方便面进行支持。而白象也以文案予以回应："为了让更多的人能见到春天，就会有更多的伙伴把自己化作春天，他们是春风十里，是星河万顷，是万物生长，是冰雪消融。"白象将用户比作春天，以优美的文案打动人心。

剑南春的品牌文案只有 10 个字"唐时宫廷酒，盛世剑南春"，但这简单的10个字有很多含义。"唐时"表明剑南春历史悠久，有深厚的文化底蕴。"宫廷酒"代表剑南春的卓越品质，让用户明白这是一款好酒。"盛世"（今日）一语双关，既指唐代的繁荣，又隐喻现代的繁华。这个文案表达了剑南春是皇家御酒的品牌内涵，满足了用户对高档白酒的想象。

三、为文案设计一个主题

在撰写文案之前，文案策划人员要为文案设计一个合适的主题。文案的主题应该简单、明晰，能够突出品牌或产品的主要优势，引领文案的正文。

根据面向的场景的不同，文案的目的也不同，但归根结底，文案的最终目的只有两个：一是改变用户态度（从不知道产品到对产品形成认知，从无感到有好感）；二是促使用户购买，激发用户消费。

改变用户态度，使用户对产品产生正向的认知的内核是信任，属于社会关系范畴。促使用户购买涉及利益，买卖双方的关系是市场关系。

顶尖的文案往往有明确的主题，以影响用户态度，促使用户购买。企业要明确产品定位、文案面向的受众，把产品亮点清晰地表达出来，从而吸引用户的关注。例如，拉勾网的定位是互联网招聘，其文案简洁明了："互联网人挑工作，就用拉勾，不解释。"拉勾网品牌文案的语气有一些傲娇，十分符合当代年轻人的性格。

再如，Boss（老板）直聘的优势是应聘者跟老板直接沟通，避开层层面试官和HR（人力资源），因此，它的文案围绕着老板来写，如"跟对老板吃肉，跟错老板吃土，选工作就是选老板""找工作我要跟老板谈"。

除了文案主题明确、符合产品定位外，文案还要表意清晰，让用户快速看懂。例如，微信5.4版本新增发消息转账功能，相关文案是"转账，就是发消息"。这句话就概括了新增功能的核心特点。

优秀的文案能够让用户瞬间抓住重点，而不是很晦涩、抽象，需要用户猜测。如果文案过于复杂、生硬，则可能会导致两种情况：一是用户直接不看；二是用户进行深度理解，对产品产生怀疑。

在撰写文案时，文案策划人员一定要紧扣主题，将产品的优势和核心特点牢牢印刻在用户心中，让用户难以忘记。

四、选择合适的风格

文案的风格能够体现企业的文化特征和价值取向，合适的文案风格能够提升企业的文化层次，帮助企业树立良好形象。文案风格可分为暖心型、幽默型两种类型。

1. 暖心型

暖心型文案的关键在于描述具有"群体共通性"的经历、体验、感受，将具体的场景和细节抽象化，传递感受，再将抽象化的特征具体化、生活化，传递体验。一篇暖心文案，可以从三个词入手：故事、情感和记忆。暖心型文案倾向于讲用户生活中的故事，表达强烈的情感，如理想、感情、情怀、奋斗等，或者展现某个群体的共同回忆，如20世纪90年代的老教室等。

2. 幽默型

幽默型文案有两种类型：一种是利用风趣幽默的语言来描述产品；另一种是幽默的至高境界，即"自黑"。恰到好处的自黑，也是一种有效的宣传方式。

以自黑的方式撰写文案，是一种反其道而行的逆向思维，能够让文案更接地气，拉近品牌与用户之间的距离。自黑式文案或幽默或卖萌或恶搞的表达方式，使文案生动活泼、趣味十足。

幽默型文案往往需要企业先放下"身段"，因为自黑要"自毁形象"，自我调侃。企业可以把产品的缺点幽默地描述出来，并巧用转折，转化为产品宣传的亮点，这能够起到很好的宣传作用，能够让用户对产品有更深刻的认知，并产生品牌很真诚的印象。

第三节　文案写得好，品牌能大火

好的文案能够给品牌带来更高的曝光度，提升品牌在用户心中的印象，使品牌的热度更高。一篇好的文案能够展现产品的竞争优势，戳中用户痛点，引起用户关注。

一、"不官方"的文案更受欢迎

好的文案不需要过于官方、华丽的语言，只需要贴近用户生活，贴合用户心理。有时候，过于官方的语言非但达不到宣传效果，还可能给观众留下不真诚的印象。

象形文字是最古老的字体，是从图画文字演化而来的。人们更容易理解一些形象的描述，而不是抽象的概念。在营销领域，形象的描述有助于品牌人格化，拉近品牌与用户的距离。如果品牌给用户的印象是抽象的，用户很难记住它。

例如，随着互联网的不断发展，用户的交流方式逐渐发生了变化，促使许多独特的语言文化的形成。五菱宏光在推出新车时，将网络热词与产品颜色融合，成功激发了用户的兴趣。

五菱宏光 MINIEV GAMEBOY（街头小霸王）系列产品有红色、黑色、灰色、银色、粉色、棕色、蓝色等颜色，五菱宏光利用网络热词和谐音梗将车辆命名为"一丈红""乌漆嘛黑""渣渣灰""东北银""螺蛳粉""专家""深藏 Blue"等，这种接地气的产品文案可以彰显五菱宏光营销内容的独特，吸引用户进一步了解。

如何使文案的描述形象化、不官方呢？有以下两种方法，如图 9-2 所示。

多一些场景的细节描写

少用形容词，多用动词和名词

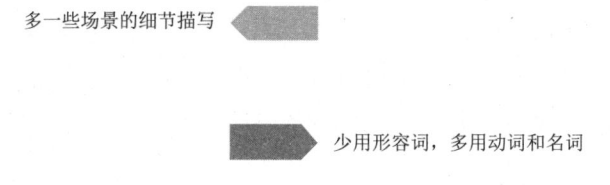

图 9-2　文案描述形象化、不官方的方法

1. 多一些场景的细节描写

细节描写可以增强文案的可信度和说服力。在文案写作中，细节描写是非常重要的。细节描写可以让文案更加生动，在文案中加入一些细节描

写,如描述产品的外形特点、质感、尺寸等,用户就会更直观地了解产品,这样不仅可以引起用户的兴趣,还可以让用户更加信赖产品。

2. 少用形容词,多用动词和名词

人们对形容词的理解往往是存在偏差的,由于生活环境和文化背景不同,人们对美丽、纯洁、优美等词可能会有不同的理解。而动词和名词则不同,走、跑、跳、花、草、树木等词在人们心中形成的都是固定的形象,更方便人们联想对应的画面。

二、在文案中体现产品的核心优势

展现产品的核心优势是优秀文案的关键点之一。想要让文案给品牌和产品带来更好的宣传效果,企业就需要尽可能地将产品的核心优势融入文案中。

对比竞品,企业的产品有哪些过人之处?这就是产品的核心优势。产品的核心优势要具有"人无我有,人有我精"的特点,并在文案中重点体现出来。例如,大部分人都很熟悉格力空调的广告文案:"格力,掌握核心科技。"

这句文案传递的信息很明确:作为电器类产品,空调有技术要求,好的技术才会有好的空调产品,"核心科技"四个字是格力空调吸引用户的不二法门,拥有核心科技的空调,更能获得用户的信赖与认同。

但这样的文案不能随便写,格力敢写这样的文案是因为它有这样的实力,格力电器官网有这样一段话:"共13项'国际领先'级技术,累计申请专利22 597项,其中申请发明专利8 310项。"这段文字的分量足以支撑格力空调的广告文案。产品有实力就一定要展现出来,毕竟打铁还需自身硬。无论产品文案怎么写,最终用户体验的是产品本身,一个优质的产品本身就是最好的文案。

如果我们很熟悉某个东西,我们就会很难想象它在不了解它的人的眼中是什么样子,我们被自己已有的认知阻碍了思维。在这样的情况下,文案很可能是晦涩难懂、没有针对性的。因此,在文案中体现产品的核心优势时,文案策划人员要尽量避免使用抽象、专业的词汇。文案策划人员可

以为产品寻找"对标物",用用户熟悉的物品去描述一款用户感到陌生的产品,降低用户的理解成本,避开抽象的雷区。文案用词越具体、简单,信息传达的效果越好。

网易严选在推广一款面巾纸时,就用了"一纸三层"这种具体的文字来表达纸张柔韧这一特点,用"5 张纸可吸干半中杯(100 毫升)净水"来体现面巾纸"强力吸水,用纸更节约"的优点。网易严选用简单的词汇将产品的核心优势表达清楚,便于用户对产品产生好的印象。

士力架是一种巧克力棒,内含烤熟的花生和焦糖组成的牛轧糖,外部裹有牛奶巧克力。士力架的定位是随时随地横扫饥饿,补充能量,带给用户满足感,它的广告语一般都以横扫饥饿开头,比如"横扫饥饿,活力无限""横扫饥饿,做回自己"等。士力架的广告文案采用宣言式手法,直接表现士力架的价值,加深用户对士力架功能的认识。

三、戳中泪点、笑点与痛点

好的文案往往富有一定的情感色彩,而过于生硬的文案无法起到感染观众的效果,难以给观众留下深刻的印象。

企业的文案策划人员要有强大的洞察力,捕捉用户自己都没有注意的潜在意识或习惯,紧紧抓住用户需求。

文案策划人员撰写文案要避免"自嗨",即不要从自身感受出发,文案感动自己却让用户"摸不着头脑"。好文案关注的并不是产品本身,而是对用户感受的设计。用户看到的文案,应该是在表达理解和善意,而不是给用户制造困惑。

例如,keep 是一款健身运动 App,能够为用户提供健身教学视频、饮食指导、装备购买等,受到了广大健身人士的欢迎。keep 能够吸引许多用户,离不开其精妙的口号"自律给我自由"。健身往往是痛苦的,然而 keep 的口号为用户提供了希望,使用户充满了对健身后的生活的憧憬。许多用户开始使用 keep 产品,即使只在 keep 商城内购买商品,对其来说也是一种鼓励。

企业应尽量在文案中使用更少的元素,但要清晰地传达相关信息,如给用户带来的好处，产品的使用过程，产品可以解决的问题，数据化、条目化的产品信息等。

一些文案能够做到"比用户更懂自己"，实际上就是文案满足了用户的某种心理需求，而这种需求可能源于某个没有实现的目标。文案不要一味地宣扬产品的价值，而要让用户先关注自己，让用户明确自己的价值所在，触及用户的内心，挖掘用户内心深处的真实需求。文案可以将用户现实生活中不合理的地方直接或间接指出来，或者直接表明用户的理想状态，例如，知乎的文案是"总有一个领域，你比别人更专业"。这一文案表现了对用户的肯定、激励，鼓励用户使用知乎展现自己的价值。

一些文案塑造的理想状态虽然不真实，但能够给用户带来精神力量，用户能够获得心灵慰藉。每个人心中都有一个"理想的自己"。文案"懂得"用户，也不一定要直接指向用户，有些时候仅仅传达与用户一致的价值观，用户就会觉得品牌是自己的"知己"。文案所表达的情感直戳用户泪点、笑点与痛点，更容易让用户产生共鸣。

很多文案的失败之处在于不了解用户的需求，只以品牌要达到的目的、效果为核心。例如，某冰泉的文案："不是所有大自然的水都是好水，我们搬运的不是地表水，是3 000万年长白山的原始森林深层火山矿泉。"这个文案表达的观点是该冰泉的矿泉水好，目的是让用户喝该冰泉的矿泉水，认为用户的需求是"想喝好水，但不知道哪家好"。实际上，很多用户不太理解喝好水对于自身的意义与价值，因此文案应侧重于告诉用户为什么要喝好水。

第十章

规划营销活动：以创意吸引用户关注

在当今激烈的市场竞争中，规划好营销活动是吸引用户关注的重要步骤。如何为品牌或产品打造有创意的宣传点，引起用户的兴趣并获得他们的持续关注，成为品牌营销面临的重大挑战。

为了应对这一挑战，营销领域的一些专业人士采用一系列创意手段来增强营销活动的互动性和体验感，提升用户参与感，促使用户与品牌互动。本章将介绍一些规划营销活动的方法，并分享一些有启发性的创意营销思路和案例，帮助企业改善品牌营销策略。

第一节 营销活动设计流程

企业可以通过市场调查、用户分析、打造营销闭环等方式设计营销活动流程。营销活动流程设计是为了让企业进一步了解用户需求和特征，提升用户黏性。

一、市场调查：了解用户需求

市场调查可以帮助企业了解目标用户的真实想法和行为习惯，更好地满足用户需求。通过市场调查，企业可以了解用户的期望和需求，从而开展针对性营销和产品开发。

市场调查还可以帮助企业了解竞争对手的优势和劣势，更好地制定经营战略。因此，进行市场调查成为企业营销中不可或缺的一环。只有通过深入调查和分析，企业的产品和服务才能够真正适应市场需求，赢得用户青睐。

市场调查指用科学的方法，对市场情况、现状及发展趋势进行搜集、记录、整理和分析，从而为企业的决策者制定营销策略提供客观、正确的依据。市场调查主要针对产品与品牌展开，这是企业在推出系列产品或者进行品牌营销之前必须要做的。例如，吉列就曾通过这种方式实现有针对性的产品推广，获得很好的营销效果。

吉列曾推出一款面向女性的专用刮毛刀——雏菊刮毛刀，这一决策看似荒谬，却让吉列一炮打响，该产品也迅速畅销全球。吉列的成功离不开深入的市场调查。

在推出产品之前，吉列花费了一年多的时间进行了周密的市场调查，发现美国30岁以上的女性中大约65%的人要定期刮除腿毛和腋毛，以保持良好形象，而这些女性除了使用脱毛剂之外，还需要花费很多钱来购买男式刮胡刀。吉列抓住了这个机会，开辟了女性刮毛刀这个细分市场。

在设计雏菊刮毛刀时，吉列采用了大多数女性都喜爱的鲜艳的颜色，并在产品外包装上印上雏菊，将握柄改为利于女性使用的弧形。而且，吉列在进行产品宣传时还突出了产品的特点，对女性进行了有针对性的宣传，宣传的关键词包括"双刀刮毛""完全适合女性需求""价格不到50美分""不伤玉腿"等。吉列因此一炮而红，名利双收。

二、用户分析：了解用户特征

在面对庞大的用户群体时，企业如何才能更好地了解用户特征呢？答案是进行用户分析。企业能够通过对用户行为、兴趣、偏好等方面的分析，更加深入地了解用户的需求和特点，制定更为精准的营销策略，提高用户满意度和转化率。

用户分析并不是一件简单的事情，它需要企业有足够多的用户数据和科学的分析方法。企业需要建立切实可行的用户分析模型，以确保分析结果的准确性和可靠性。

无论企业处于哪一种行业，目标用户都会有一些共性，例如，口红类化妆品的用户以女性为主，因此产品及包装方面的设计都会偏女性化，以吸引女性用户的目光。

对用户进行分析是产品生产、宣传和销售的重要前提。在完成用户分析之后，企业应根据市场的现状与特点对用户群体进行确认，从而实现更加精准的宣传。

用户分析有非常重要的作用，企业应该对此加以重视，并且掌握用户分析的方法。企业应该如何进行用户分析呢？如图10-1所示。

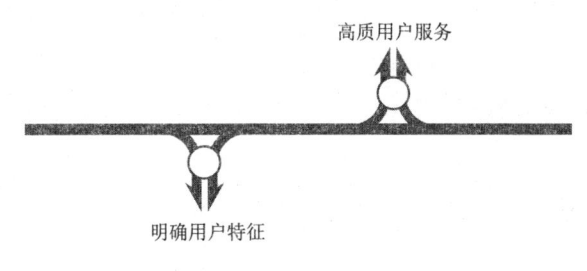

图10-1 用户分析的两个方面

1. 明确用户特征

用户特征分析是在明确目标用户群体的基础上对用户进行更加深入、细致的分析，从而总结使用企业产品的用户群体的特点，以便企业之后对产品、宣传方式进行调整。用户特征分析主要从用户的基础属性、社会关系、消费能力、行为特征、心理特征等方面展开。

企业通过对用户特征的分析，找出其中的共性，作为产品改进与品牌宣传的依据。当然，如果对每一个用户都采取这种分析方式无疑是费时、费力的，因此，企业应该按照一定的标准和比例挑选具有代表性的用户进行深入分析。

2. 高质用户服务

用户分析的直接目的是洞察用户的真实需求，为用户提供更高质量的服务。高质量的服务能够形成品牌的竞争优势，有利于品牌推广。

海底捞是餐饮界的佼佼者，为用户提供贴心、优质的服务。海底捞作为一个连锁火锅品牌，以优质的服务赢得用户的一致好评。人性化的服务让海底捞在众多火锅品牌中脱颖而出，虽然海底捞的整体消费较高，但用户仍然趋之若鹜。用户在海底捞用餐，从进店到离开都能获得良好的服务体验。递发圈、送水果、表演抻面、玩游戏等一系列服务，使得海底捞形成了独具特色的服务文化。高质量的服务使海底捞获得了良好的口碑，而趋之若鹜的用户也在无形中为其做了宣传。

三、打造营销闭环

一个完整的营销闭环能够实现用户转化、销售渠道创新、品牌价值提升等多重效益。通过打造营销闭环，企业可以将用户的需求与营销活动紧密联系在一起，提高用户忠诚度和复购率，不断提升企业的商业价值。打造一个完整的营销闭环需要企业深入理解客户需求，不断完善营销的各个环节。以下是打造营销闭环的三种方法：

1. 精准把握品牌特质，打造跨界营销爆点

随着我国用户文化自信的提升与身份认同感的增强，国潮品牌开始受到追捧，优质国货层出不穷。一些国潮品牌精准把握品牌特质，和其他品牌跨界合作，打造营销爆点。例如，上海家化的六神花露水与 RIO（锐澳）鸡尾酒合作推出花露水鸡尾酒，美加净和大白兔奶糖合作推出大白兔奶糖味润唇膏等。

2. 捕捉消费洞察，精准定位，顺势而为

我国的市场很大，每一个细分市场都蕴藏巨大的商机。对用户的洞察是打造营销闭环的关键。例如，英国免水洗发喷雾品牌碧缇丝的特点是无水洗发，易于携带，30秒快速去油，其进入中国市场后，将用户群体从年轻的女性用户进一步拓展为"社交型懒人"，并针对具备这个特征的大学生、白领推广产品，获得了巨大的成功，实现了高速增长。

由此可见，有效捕捉消费洞察对打造营销闭环有着至关重要的作用，能使产品覆盖更多目标消费人群。

3. 精准触达，产品需要更懂渠道

面对目标消费群体，企业不仅需要考虑他们对产品的需求程度，还要考虑他们购买产品的渠道。现如今，购物渠道多样化，除了传统的超市、百货商店等线下渠道，还有跨境电商平台、社交电商平台、垂直电商平台等线上渠道。

企业需要根据产品的特点为产品选择合适的渠道，产品要和渠道匹

配，以精准触达用户，实现销量增长。

第二节　新消费时代的营销思路

进入新消费时代，企业要掌握新的营销思路，如创意营销、整合营销、游戏化营销、口碑营销等。更新营销思路能够助力企业制定更加科学的营销策略，从而广泛地吸引用户，达到事半功倍的营销效果。

一、创意营销：营销效果事半功倍

创意营销是当今市场中高效、具有前瞻性的营销方法之一。创意营销可以吸引用户眼球，让产品或品牌在市场中脱颖而出，在竞争激烈的市场中获得优势，更重要的是，创意营销能够以相对较小的投入获得不可估量的市场回报。

在规划营销活动时，企业要具有创意营销思维，要能够给用户带来意料之外的惊喜，使营销活动实现事半功倍的效果。

创意营销的特点主要有三个：投入少，见效快；借力打力；创意取胜。其中投入少、效果快是创意营销较为突出的特点，因为低成本、高回报是企业喜闻乐见的事情。

创意营销能够带来巨大的流量，很多企业对此都有深入的了解，因此实行创意营销成为企业规划营销活动必不可少的思路。

例如，喜茶与经典高分国产剧《甄嬛传》展开了跨界联名。本次联名的灵感来自《甄嬛传》中蕴含的中式文化底蕴，并结合喜茶"真奶、真茶、真果"的产品理念，打造了相应的茶饮品、主题门店等。

在本次合作中，喜茶推出了两款产品，分别名为甄奶·雪酿含翠和甄果·大橘画梨。甄奶·雪酿含翠的灵感来自剧中奇珍茗茶"雪顶含翠"，能够将用户带入剧中的氛围。

在喜茶的门店内，工作人员也会带上相应的头饰进行宣传。此次活动实现了喜茶与《甄嬛传》的双向奔赴，是一次成功的创意营销。

此外，乐凯撒的"榴梿味报纸"也是利用创意营销取得成功的经典案例。乐凯撒联合深圳晚报创造了全国第一份"榴梿味报纸"。乐凯撒比萨作为一家以比萨为主打产品的餐饮店，首创的榴梿比萨广受好评。

榴梿比萨是乐凯撒的"核心符号"，深知榴梿比萨重要性的乐凯撒脑洞大开，与深圳晚报合作推出"榴梿味报纸"，这一创意营销使得乐凯撒与深圳晚报获得了双赢，既增加了报纸的销量，也扩大了乐凯撒的名气，获得事半功倍的营销效果。

二、整合营销：交互带来品牌价值

在当今市场上，用户对品牌的了解和认知已经不再局限于产品本身，更多的是考虑其具有的价值和个性化特征。针对用户的需求和心理做好整合营销，强化营销的交互性特征，已经成为提升品牌价值的有效策略。通过整合不同的营销手段，与用户进行有效的互动，可以加强品牌与用户之间的情感连接，促进用户忠诚度的提升，给品牌带来更多商业价值。

整合营销分为水平整合和垂直整合两个层次。水平整合包括信息内容的整合、传播工具的整合、传播要素资源的整合；垂直整合包括市场定位的整合、传播目标的整合、4P的整合、品牌形象的整合。

以东风汽车旗下首款SUV——东风风光580的持续性营销为例，东风汽车经过调查研究，最终从方式、节奏、内容三个层面制定了整合营销策略。

1. 在营销方式上大胆突破

SUV市场竞争激烈，东风汽车大胆创新，尝试"网红"营销、娱乐营销、体验营销等新的营销形式，组合出击，赚足了用户的眼球。同时，东风风光重视线上线下联动，做到既在形式上创新，又保证了传播声量最大化。

2. 在节奏上长预热、强爆破、重持续

东风在新品推广节奏上敢于突破自身瓶颈，积极学习其他品牌新车推广经验，为东风风光580策划了长达一年的传播推广周期。从1月谍照预

热、3月高寒测试、4月车展亮相、5月预售、6月上市、8月试驾、10月自动挡上市、12月自动挡试驾，一直到第二年2月超级公路粉丝节和4月丽江汽车共享活动，利用长达16个月的宣传周期，持续加深用户对新产品的印象。

3. 在内容上因势制宜

秉持"用户在哪里，东风风光的营销就要到哪里"的原则，东风风光580的营销内容更加年轻化、网络化、时尚化。例如，围绕"超级都市SUV"的定位，延伸了动画超人形象以及"7年/15万公里超级质保"等营销内容。

三、游戏化营销：提升用户体验

游戏化营销将商业活动与游戏相结合，可以提高用户参与度和品牌忠诚度，创造更好的用户体验。随着移动设备的普及和技术的不断进步，游戏化营销在数字营销中占据越来越重要的位置。

如果把游戏的吸引力移植到产品上，用户是否会对产品"上瘾"呢？基于此种思考，很多企业采取游戏化营销模式，利用游戏让用户产生购买产品的欲望。

游戏化营销是指借助游戏化的营销活动吸引用户，让用户在玩游戏的同时能潜移默化地了解品牌文化、产品价值等信息，这种方式容易被用户接受，能够提升用户的活跃度和参与度，对提升品牌知名度和产品销量都有不错的效果。游戏化营销一般有以下四个特点，如图10-2所示。

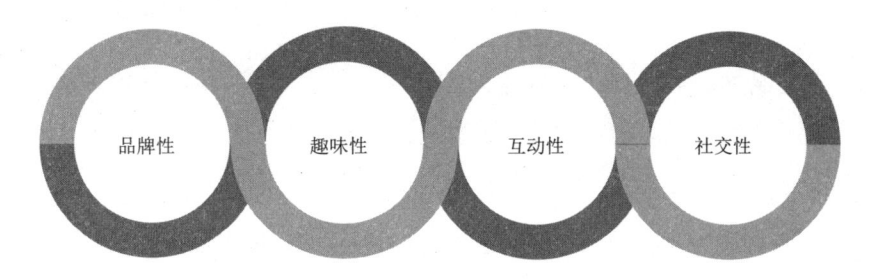

图10-2　游戏化营销的四个特点

1. 品牌性

企业借助游戏进行营销的主要目的是推广品牌，因此，游戏要融入品牌元素，品牌可以是游戏的名称，也可以是游戏的道具。企业在游戏化营销中要向用户充分渗透品牌信息，让用户在潜移默化中记住品牌。

2. 趣味性

任何游戏想要吸引玩家的关注，都要做到有趣。创意十足、体验感好的游戏才能让更多的用户对其产生兴趣，并让用户"上瘾"。当然，游戏终究只是一种营销手段，因此游戏玩法不宜设计得太过复杂。

3. 互动性

游戏中的每个环节，如新手提示、签到奖励、反馈建议等，都是游戏与玩家互动的渠道，这些看似形式化的东西，实际上能营造浓厚的游戏氛围，从而让用户忽略其营销属性，更好地沉浸在游戏中，感受品牌的自我表达。

例如，2022年8月，知名美妆品牌美宝莲与巧克力品牌M&M's共同打造了一场快闪活动，这次快闪活动以"色彩，快到脸上来"为主题，打造了艺术展览、互动玩乐等多元化娱乐场景。

用户不仅可以参观美宝莲与M&M's（玛氏巧克力豆）的联名产品，还可以在现场的互动区域进行互动，体验缤纷多彩的美妆世界。"玩色狂欢区"内有"巨彩碗"装置，用户可以将其作为背景墙拍照。在"出色试妆区"，用户可以进行试妆体验，美宝莲彩妆师为用户化妆，近距离向用户"种草"产品。快闪店内还有扭蛋抽奖活动，吸引许多新用户成为品牌会员。

通过此次联名活动，美宝莲与M&M's进行了不同圈层的碰撞，吸引大量用户参与活动，向用户展示了游戏化营销的魅力。

4. 社交性

除单机游戏外，大部分游戏都有社交属性，很多年轻人都喜欢在游戏中结交朋友。另外，游戏还能被分享到社交圈中，也就是说，互动性强的游戏更容易通过朋友圈而走红。

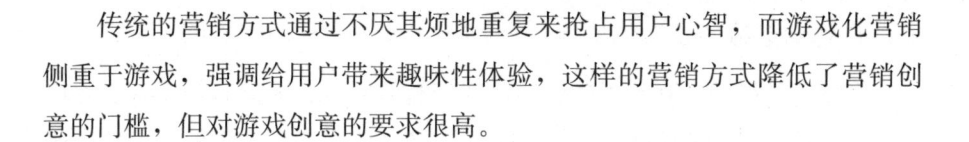

传统的营销方式通过不厌其烦地重复来抢占用户心智，而游戏化营销侧重于游戏，强调给用户带来趣味性体验，这样的营销方式降低了营销创意的门槛，但对游戏创意的要求很高。

四、口碑营销：让口碑影响用户决策

一篇好的口碑营销文章，能够让品牌得到更好的宣传和推广，提升品牌声誉，影响用户的购物决策。在如今这个社交媒体时代，用户作决策时，越来越容易受到他人的意见和决策的影响，因此，企业若能将品牌形象、品牌价值观传播给更多用户，并引导用户通过分享和口碑传播的方式来推广品牌，就能产生更好的品牌营销效果。

口碑营销依靠用户的口耳相传，而不是营销团队单方面地向用户灌输信息。虽然营销团队在口碑营销方面能起到一定作用，但无法把控舆论的具体走向，因此，口碑营销是一种低成本，但更加真实、可靠的营销方式。

口碑营销的关键是提高用户对品牌的好感度，这样用户才愿意为品牌说"好话"。在社交媒体发达的今天，口碑营销借助互联网扩大了影响，使信息能够在短时间内快速传遍全国甚至全球，在数十万甚至数百万用户中形成话题。

口碑营销学专家安迪·赛诺维兹认为，口碑的传播离不开以下五个"T"要素：

1. 谈论者（talkers）

谈论者指的是谈论产品的人，这是口碑传播的起点。这些人是产品的粉丝或者使用过产品的用户，他们会主动和其他人谈论产品。他们是口碑传播的推动力，如果没有他们，口碑传播也就无从开始。

2. 话题（topics）

话题指的是谈论的内容。口碑最初都源于一个有讨论价值的话题，这个话题可以是产品的性能或设计的创意，也可以是服务的质量等。例如，卫龙辣条的门店风格等。话题要足够新奇，才能引发用户讨论，最好能激起用户的好奇心，促使用户一探究竟。

3. 推动工具（tools）

推动工具指的是营销团队推动口碑传播的媒介、渠道和技术等。互联网可以缩短口碑传播的时间，扩大传播范围，增强话题的影响力。传统媒体和互联网媒体都可以作为推动口碑传播的工具，企业要谨慎利用这些工具，因为这些工具会让好口碑传播得快，也会让坏口碑传播得快。

4. 参与（taking part）

参与指的是参与话题讨论的人。口碑营销的最大特征就是互动性极强，这在用户与用户的互动、产品与用户的互动两个方面都有体现。对此，营销团队可以主动参与用户的话题讨论，这样既能提升话题讨论热度，又能拉近与用户的距离。

5. 跟踪了解（tracking）

跟踪了解指的是企业要跟踪了解那些正在谈论产品的人，明确他们谈论的侧重点，这是口碑营销的一项重要工作，有利于收集用户的反馈意见，及时调整营销策略。

很多用户购买产品时，会倾向于购买朋友、家人推荐的产品，因为这些人更令他们信任。信任的人推荐的产品更有说服力，用户能够放心地购买。口碑营销是一个有效且低成本提升品牌知名度的营销方式，企业要制定合理的口碑营销策略，使口碑营销效果最大化。

第三节　如何将营销活动玩出花样

与传统的打广告的营销方式相比，活动营销在吸引用户和提高品牌知名度方面的效果更明显。如何让营销活动玩出花样，给客户带来全新、新奇的体验？本节将解读行业内的一些经典案例，帮助品牌设计并实施更具创意和吸引力的营销活动。

一、进军直播带货领域

随着我国电商市场快速增长，直播带货备受关注，越来越多的品牌开始投入资源进军直播带货领域，希望通过直播带货取得更好的销售业绩。然而，直播带货并非一件容易的事，品牌需要具备一定的策略和技巧才能做好。下面将从两个角度探讨品牌如何通过直播带货创造更多价值，实现销量增长。

第一，预告福利。

品牌在进行直播预告时要适当透露一些直播过程中的福利，以吸引更多用户的关注，增加用户对直播的期待和好奇心。

品牌可以以超值福利为切入点进行福利预告，也可以从福利的稀缺性、多样性等角度出发发布福利预告。只要福利预告抓住了用户关注的焦点，就可以提升福利对用户的吸引力，让用户对直播充满期待。品牌也应注意，福利预告必须是真实的，不可夸大福利内容。

当产品在价格方面存在优势时，品牌可以将低价作为福利预告的重点，营造一种"不买可惜"的氛围；当产品在价格方面没有优势时，品牌可以转换福利预告的侧重点，从其他方面入手，吸引用户观看直播。

例如，一个知名服装品牌与一位主播合作开展直播带货，该品牌除了提供一些经典款的衣服和鞋子外，还提供了30条精品围巾。围巾做工精致、款式新颖，因此很受用户欢迎。该主播在直播预告中重点介绍了这个福利："精品围巾惊喜来袭，限量30条，买鞋服即可参与抽奖，抢到就是赚到！"

该主播在直播预告中突出了"精品围巾"这一福利，并营造了这个福利"千载难逢"的氛围，在吸引更多用户关注直播的同时，也极大地激发了用户的购物欲望。

主播在进行直播福利预告时应注意，福利预告必须是真实的，不可夸大福利内容。同时，主播也必须认真考量直播福利是否名副其实，例如，精品围巾是否真的是精品，质量是否过关，材质是否上乘。

第二，提供优惠。

品牌在直播中发放福利既可以让用户享受优惠，刺激其购买产品，又可以有效地宣传和推广品牌。在具体操作上，品牌可以在直播间发放优惠券，也可以通过"买一送一""免费领取赠品"等方式让用户获得优惠。

1. 发放优惠券

优惠券能够激发用户的购物热情。如果用户对品牌的产品比较感兴趣，加之品牌向用户发放了优惠券，就会更有效刺激用户将消费想法转化为消费行动。此外，品牌也可以在用户下单后为用户发放优惠券，以刺激用户二次消费。

需要注意的是，发放优惠券是有规则的，如优惠券不兑现、不找零，有明确的使用期限，过期不补等。为了更好地发挥优惠券的促销作用，品牌要确保优惠券发放的精准性，对此，品牌应注意以下两个方面：

（1）优惠券投放的精准性取决于用户对产品是否有购买需求，因此，品牌在直播带货前，要明确主要产品品类，以更精准地吸引目标用户。例如，品牌可以将产品划分为"春季限定服装""夏日防护外套"等；给产品打上"大码女装""小个子女生专属"等标签，这些能够使品牌更好地明确直播内容，也能够更加精准地吸引对直播产品有需求的用户。

（2）一些品牌在直播带货的过程中会吸引一些忠实粉丝，这些粉丝偏爱品牌的直播风格、认可品牌的产品，在购物时会优先选择品牌的产品。品牌为这些忠实粉丝发放优惠券，能够有效刺激他们消费，让他们将产品推荐给更多人。

针对忠实粉丝，品牌可以开设直播专场。直播专场的产品品类可以是多样的，品牌可以在直播间中向忠实粉丝推出品牌的新品、经典款产品、折扣产品等。在这样的专场中发放优惠券能够激发忠实粉丝的购物热情，充分发挥优惠券的促销作用。

2. 举办"买一送一"活动

刘女士是某服装品牌的主播，在某次直播时，她重点介绍了新款百搭针织围巾。在介绍完围巾后，刘女士在直播间打出了标语："今日下单，围巾买一送一！过期不候！"标语一出，整个直播间瞬间就火热了起来，用户纷纷下单，围巾被抢购一空。

"买一送一"是一种典型的以产品为中心的福利营销方式。需要注意的是，"买一送一"和产品打五折是有一定区别的。产品"买一送一"相当于同时销售了两件产品，而产品打五折意味着用户只需花一半的钱即可购买一件产品。因此，"买一送一"的营销方式更能提高产品的销量。但"买一送一"并不意味着赠送给用户的产品必须和用户购买的产品相同，赠送的产品也可以是其他产品。当然，这要先告知消费者。

"买一送一"活动还可以拓展产品的营销渠道。例如，将新产品与经典款产品进行联合销售，不仅能够提高经典款产品的销量，还能够有效地曝光、推广新产品。在开展此类活动时，品牌要设置好活动形式，保证执行力度。

如果直播间赠送的产品不能让用户获得实惠，那就达不到很好的营销效果。品牌可以根据用户的反馈了解赠品是否合理，是否能够激发用户的购物热情，以及时调整与优化。

3. 满赠活动

2022年端午节，某服装品牌在直播间开展了"多买多送，节日购不停"的营销活动。品牌为用户提供了赠品，并规定了获得不同赠品的条件：用户一次性购物满99元即可成为会员，享受全场八八折优惠；满199元即可获赠价值99元的围巾一条；满299元即可获赠价值158元的防晒服一件；满399元即可获赠价值299元的女性时尚套装一套；满499元即可获赠价值399元的购物金卡一张。

满赠活动是以产品为核心进行福利派送的主要方式，即购物满一定额度后，用户可以获得某件赠品。品牌可以标明赠品的价值，也可以不标明赠品的价值。例如，品牌可以将活动规则设置为：满599元赠精美饰品一件，这件饰品只用"精美"加以描述，没有标明实际价格。用户很难衡量饰品的价值，从而忽略自己实际付出的价值与饰品价值的对比，这能在一定程度上避免用户产生"赠品都是次品"的想法。

对品牌而言，合理开展满赠活动可以有效提高产品的销量。赠品最好是精美、实用、耐用的产品，这样有利于提升品牌声誉。此外，开展满赠活动时，品牌还需要注意以下三个方面：

（1）控制成本。在成本方面，品牌需要考虑的因素有三个：一是赠品成本；二是赠品包装；三是销售渠道。控制好这三个方面的成本，品牌才能避免资源浪费，实现满赠活动效益最大化。

（2）提升宣传效果。开展满赠活动的最终目的是宣传产品，提高产品销量。直播间、微信公众号、微博等都可以作为满赠活动的宣传渠道，以提高满赠活动的宣传效果，吸引更多用户参与活动，推动产品销量增长。

（3）设置活动时间。满赠活动要有时间限制，这在节约活动成本的同时，也能够有效激发用户的购物热情。

总之，在开展福利活动时，赠品的选择、活动的推广、活动的成本与时限等都十分重要，品牌必须制定相关的营销方案。只有保证活动各环节正常运转，才能够更好地发挥福利活动的营销作用，让用户消费得更开心，对品牌的满意度更高。

二、虚拟代言人释放营销潜力

虚拟代言人已经成为当下营销领域的热门话题。作为一种既有效又新颖的营销方式，虚拟代言人具有巨大的营销潜力。通过虚拟代言人的呈现形式以及技术手段的不断创新，品牌能够更好地传达自身的核心理念，提高产品的曝光度和关注度。品牌采用虚拟代言人的营销方式，不仅能够在短时间内取得预期效果，还能够持续吸引用户关注和互动，创造更多市场价值。

国内首个超写实数字人AYAYI在小红书发布的第一条笔记仅凭一张光影图就获得了超过10万点赞和280万浏览量。AYAYI的造型和妆容引得多位美妆博主竞相模仿，且热度不断提升。AYAYI以时尚潮流为"人设"，在细分领域与多个品牌开展合作，形成了良好的商业形式。

例如，哈啰电动车发布了一个名为《哈啰图灵·数字人生》的微电影，并借此推出了首位品牌代言人"哈啰图灵"。哈啰图灵使用了许多先进技术，包括AI绘制、实时面部表情捕捉、动作实时捕捉等，在这些技术的支持下，"哈啰图灵"拥有了丰富的表情、精细的动作和实时互动的能力。

在哈啰电动车拍摄的微电影《哈啰图灵·数字人生》中，哈啰图灵赋予哈啰电动车多种功能：10米内自动识别用户身份，用户无须钥匙便能解锁哈啰电动车；根据用户的骑行场景开启辅助骑行；基于历史骑行数据监测哈啰电动车的用电、充电状况等。

在微电影中，哈啰电动车借助哈啰图灵向用户展示了最新的 T30 智能平台和优越的 VVSMART3.0 超联网车机系统，表达其一直以更智能的产品助力用户美好出行的理念，打动了许多用户。

哈啰图灵的诞生，意味着哈啰单车与用户沟通方式的革新。哈啰单车通过引入更具体的视觉形象，输出符合当代用户消费习惯的内容，从而更有效地与用户沟通。

再如，Sidus Studio X 工作室推出了一个名为 Rozy（罗兹）的虚拟数字人。自从 2020 年 8 月"出道"以来，Rozy 已经在社交媒体上拥有十几万名粉丝。Rozy 的"人设"是一个 22 岁的年轻女孩，热爱旅游、时尚，会在社交平台上分享自己的日常，与用户互动。

Sidus Studio X 是一个致力于打造虚拟数字人的工作室，Rozy 是其推出的第一个虚拟数字人。许多用户表示，并不觉得 Rozy 是一个虚拟数字人，因为与 Rozy 交流十分顺畅，她像一个真正的朋友。

Sidus Studio X 在构建 Rozy 时耗费了许多精力，他们不仅需要在建模过程中植入皮肤、神经网络等，还需要设计百余个表情，保证 Rozy 的形象逼真。Rozy 是一个虚拟与现实的结合体，她可以做到人类无法完成的事情，打破时空界限，在各个地方任意移动。

Rozy 的收入十分可观，且有节节攀升的趋势。2021 年，Rozy 的收入高达 15 亿韩元。Rozy 的代言十分多，与香奈儿、爱马仕等国际大牌都有合作，其会在电视节目、线下广告牌、公交车车身等渠道进行产品宣传。Rozy 的虚拟数字人身份能够带来超高热度与大量流量，而且其拍摄宣传片所花费的时间少于真人，有利于降低拍摄广告的成本，这是 Rozy 受到品牌青睐的主要原因。此外，Rozy 作为一个虚拟数字人，不会有"塌房"的风险，比真人代言人更为稳定。

Rozy 还受到时尚圈与娱乐圈的欢迎。Rozy 与英国虚拟超模 Shudu 共同拍摄了地域风格的时尚大片，还前往华盛顿和纽约，参加虚拟时装走秀活动。2022 年，Rozy 陆续发布了两张专辑 *who am I*《我是谁》和 *to the sea*《去海边》，大受欢迎。虚拟代言人帮助品牌吸引年轻人的注意力，俘获更多目标用户，实现品牌盈利增长。

随着技术的发展，虚拟代言人将进一步走进现实世界，成为打破"次元壁"的"利剑"。以下是虚拟代言人的主要特点：

1. 高度人格化

如今，虚拟代言人不再只是一个图像化的符号，而是"人设"符合品牌调性、能输出多元化内容的数字化形象。随着技术的发展，虚拟代言人会变得更智能，它将能融入用户的生活，像真人一样和用户互动，陪伴用户。

2. 丰富的场景

丰富的场景与高度人格化相辅相成，有利于虚拟代言人在不同的场景展现独特的价值，为商业合作提供更大的想象空间。

3. 跨次元互动

虚拟代言人不受地点、环境、时间等物理因素的限制，能够实现跨次元互动。例如，虚拟代言人可以在真实空间中与用户互动，也可以在虚拟场景中与用户的虚拟化身互动，适用的营销场景非常丰富。

随着人们对虚拟代言人的接受程度越来越高，媒体文娱、潮流服饰、美妆护肤、食品饮料等领域都开始尝试启用虚拟代言人。相比真人代言人来说，虚拟代言人的可塑性更高，能带来更大的商业发展空间。

第十一章

打造新媒体矩阵：掌握营销制胜之道

在数字时代，打造新媒体矩阵已成为许多企业实现营销成功的必由之路。了解并掌握营销制胜之道，企业才能在竞争中占得先机。下面将介绍如何打造一个完善的新媒体矩阵，提升企业的营销效能。

第一节 新媒体平台大盘点

新媒体平台已经成为人们获取信息、交流互动的重要渠道。市面上有很多新媒体平台，它们各有特点，适用于不同的营销场景。下面将对一些常见的新媒体平台进行盘点，帮助企业了解其用户规模、内容质量、运营模式等。

一、微博平台

微博在品牌营销方面能够发挥重要的作用。微博作为一个社交媒体平台，有较强的互动性，企业可以借助微博推广品牌和产品，进一步提升品牌知名度和市场竞争力。

微博的开放性高，这决定了其信息传播的速度非常快。例如，支付宝在 2018 年国庆节前举办的一次抽奖活动在微博上引发热烈讨论，这场讨论在短短 6 小时内就获得了百万名用户转发。支付宝在关于抽奖的第一条微博中并没有透露具体的奖品信息，而是让用户关注评论区。用户在评论区中展开热烈讨论，一时之间众说纷纭，将全网用户的好奇心调动到了极致。

一小时后，支付宝发布了详细的奖品内容，奖品涵盖了国庆期间的吃、喝、住、行，让用户叹为观止，这个豪华大奖让支付宝的那条抽奖微博获得了空前的转发量，使它迅速登上了微博热搜榜；同时，只有一个中奖用户为活动制造了极高的话题性。这一活动借助国庆节的热度和"锦鲤"这一传播性极强的话题，在前期造势时就获得了巨大的反响，活动开始后更是有着空前的参与度。即使中奖概率极低，但因其参与方式简单，所以很多用户都抱着"试试看"的心态积极参与活动，该活动的传播效果非常好。

除了自己制造话题，品牌还可以在微博上借助一些热门话题开展营销活动。品牌可以多留意一些热门微博，或者在热度较高的评论区留言，以提高品牌的曝光度。支付宝开展抽奖活动期间，很多品牌借助"锦鲤"这一话题进行联动宣传，获得了不错的营销效果。

二、微信平台

微信已成为重要的通信工具和营销渠道。在微信上，企业可以低成本地推广品牌，发布新产品，为用户提供服务。

微信营销的关键是运营好微信公众号，精准引流，促进转化。创建微信公众号，并使其保持活跃，已成为重要的营销策略之一。对此，企业需要做好以下几点：

1. 标题的设置

微信公众号发布的内容一定要有一个特色鲜明的标题，最好能够使读者一看到标题就知道内容的主旨，这样才能激发他们的阅读欲望，从而提高点击率和品牌知名度。

2. 微信"小尾巴"的设置

所谓"小尾巴"就是每篇公众号内容末尾的品牌介绍或产品介绍，这个内容的位置要恰到好处，不要占据太大的篇幅，否则容易让被内容吸引进来的用户产生被欺骗的感觉。

3. 评论区的互动

目前，微信官方已经开放了评论区功能，所有粉丝都可以在评论区表达自己的想法，提出自己的建议，而且其他微信用户也能看到这些评论内容。如果引发他们之间的讨论，很可能会刺激一部分潜在用户关注品牌，这样一来，就达到了为品牌吸引粉丝的目的。

三、新闻平台

企业不仅可以通过在新闻平台发布内容提高品牌知名度，还可以借助新闻平台与潜在用户建立联系。企业可以通过在新闻平台发布有价值的信息，增加公众了解企业的机会。企业应注意在新闻平台维持良好的声誉，避免负面信息的传播。

企业可以根据自身情况，选择合适的新闻平台进行品牌推广。一些常见的新闻平台如图 11-1 所示。

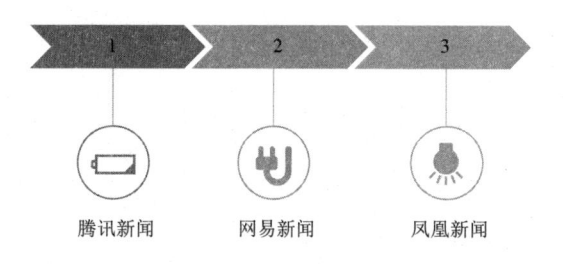

图 11-1 一些常见的新闻平台

1. 腾讯新闻

腾讯新闻是腾讯团队打造的一款发布新闻资讯的应用程序，能够为用户提供多种多样的信息服务。腾讯新闻曾发布这样一条宣传语："全球视野，聚焦中国，一朝在手，博览天下。"腾讯新闻以独特的原则与优势，成为广受用户喜爱的新闻客户端。对于企业来说，与腾讯新闻合作更容易提升品牌知名度。

2. 网易新闻

网易新闻是网易精心打造的新闻资讯阅读软件。网易新闻更加个性化，版面设计更加巧妙，原创内容更多。网易新闻能够提供极具特色的跟帖"盖楼"、话题投票等功能，充分满足用户浏览新闻时的多种需求。网易新闻在最近几年的发展态势越来越好，呈现一种逐年上升的趋势，用户量超亿个。

3. 凤凰新闻

凤凰新闻是凤凰新媒体旗下的一款资讯类 App，主要特点是采用人工智能技术打造混合推荐模式，人工智能会根据用户的兴趣爱好和使用习惯为其推送相应内容。在凤凰新闻 App 上，用户还可以观看凤凰卫视的全部节目。

2022 年，凤凰新闻接连斩获"中国广告长城奖""广告主奖"等 11 个中国广告业大奖。第三方数据显示："凤凰新闻客户端位列中国新闻 App 用户健康度指数首位，并在里约奥运等大事件的报道中获得用户满意度第一。"

了解这三种新闻平台后，企业就可以结合自身的特点选择合适的平台进行宣传推广。企业在利用新闻平台进行宣传推广时，应注意什么问题呢？

首先，企业要注意内容的质量。高质量的内容能够吸引用户持续阅读，而低质量的内容会使用户觉得索然无味，没有兴趣深入阅读，这样品牌就无法深深印刻在用户心中。

其次，如果企业选择以视频形式进行宣传推广，那么视频的时间不宜太长。如果企业邀请明星为自己做宣传，就要注意选择与产品、品牌相匹配的明星，而且避免选择有负面新闻的明星。

最后，并不是所有的新闻平台都适合作为品牌宣传推广的阵地。企业在选择新闻平台进行品牌传播时，需要根据自身的特点并且结合实际情况挑选合适的新闻平台。

四、直播平台

现如今，很多企业都在直播平台进行品牌营销。直播平台作为一种新兴的营销渠道，为企业提供了全新的推广方式。在直播平台，企业可以通过产品展示、品牌介绍、抽奖、回复用户评论等多种形式与用户互动，提高用户黏性。

企业开展直播营销不能只注重卖货，还要注重直播模式的创新。以下是三种典型的直播模式，如图 11-2 所示。

明星代言式直播　　IP打造式直播　　内容创意式直播

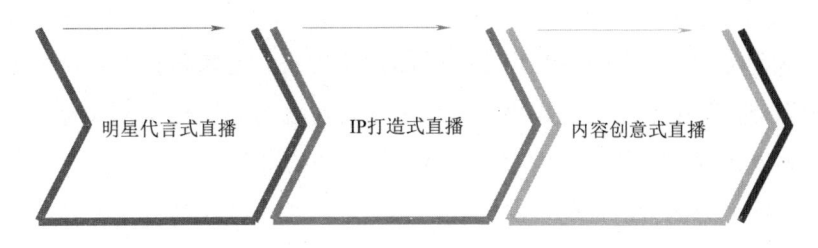

图 11-2　典型的直播模式

1. 明星代言式直播

明星代言是较为常见的营销方式，品牌借助明星的影响力能够迅速打开市场，提升品牌知名度。但现在很多明星开展的直播带货，虽然对提升产品销量很有帮助，但对品牌营销却没有太大价值，因为明星一场直播要带几十种货，把自己的影响力分散在几十个品牌上，最终可能每个品牌都无法获得足够有效的明星加持。

对此，品牌可以进行专场直播或者长期直播。例如，良品铺子在推广儿童零食新品时，邀请明星进行了专场直播。"明星＋母亲"的身份，赋予了零食产品充分的健康、关爱的内涵，也让用户对良品铺子的新产品有了更好的印象。

2. IP 打造式直播

不少 CEO 为了提升品牌营销的效果纷纷走进直播间，如麦当劳中国首席执行官、鸿星尔克 CEO 等。CEO 直播最重要的目的是打造领导人 IP，例如，乔布斯一直是苹果的代言人，他独特的人格魅力，丰富了苹果的品牌内涵。

3. 内容创意式直播

直播营销并不是只有直播带货这一种形式，它具有丰富的形式和有创意的内容。例如，"壹心娱乐"创始人在接受采访时说："我想做'带着内容的直播'，做真正的分享，剧、综艺、采访……将这些内容以直播的形式呈现。"未来，内容创意式直播将成为主流的直播营销形式。

五、知识型平台

从传统的广告宣传到与用户互动的营销方式，越来越多的企业开始重视知识普及类平台的营销作用。知识型平台可以为企业提供创新化、兴趣化、多元化的知识服务，为用户提供有价值的信息和产品。

以知乎为例，从目前情况来看，知乎已经成为领先的分享类社区，它的帖子不仅有很强的专业性，还包含了丰富的互联网文化，因此，知乎的受众群体越来越大。

企业的核心理念、产品测评、新产品技术解析等内容，比较适合在知乎平台上宣传。企业应该如何利用知乎进行营销？有以下几个要点，如图11-3所示。

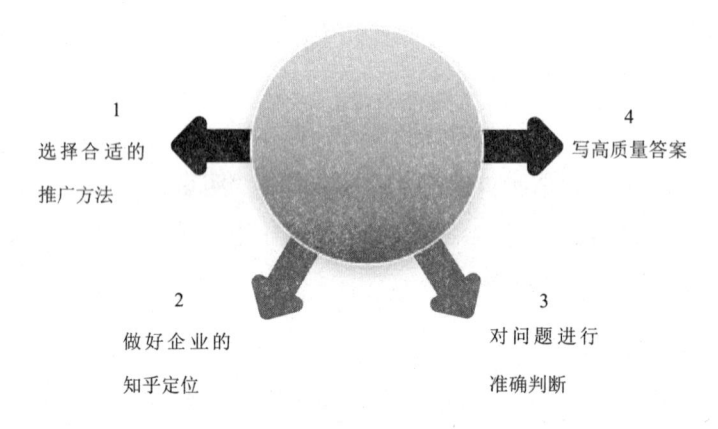

图11-3 利用知乎营销的四个要点

1. 选择合适的推广手段

企业在知乎进行营销有两种方法：第一种，在品牌介绍中加入推广信息；第二种，在回答问题的末尾加上推广信息。

上述两种推广方法各有利弊。第一种方法的优点是信息触达率很高，无论读者有没有看完帖子，都会看到推广信息，缺点是转化率比较低；第二种方法的优点是转化率非常高，缺点是信息触达率低，如果读者没有读完帖子，就不会看到推广信息。

2. 做好企业的知乎定位

为了提高营销的精确性，企业需要给自己的知乎号定位。选择一个合适的话题，然后把这个话题做好、做精，企业才能吸引目标用户。例如，选择"护肤"这一话题，企业就要寻找一些与"护肤"相关的子话题，并把这些话题都运营好，不断强化自己的品牌定位。

3. 对问题进行准确判断

在知乎上提问之前，企业要先判断问题可能获得的关注度，因为关注度越高的问题，越有可能形成话题，吸引更多用户参与讨论。

4. 写高质量答案

在知识型平台上，答案质量是吸引用户关注的关键。优质答案有两个特点：亲身体会和图文并茂。知乎用户通常比较关注答案的真实性，而不是答案的文采，图片能够极大地增加答案的真实性，使帖子获得良好的传播效果。

第二节　如何打造自媒体矩阵

如今，越来越多的品牌开始涉足自媒体营销。想要在自媒体领域获得成功，品牌需要打造自媒体矩阵，这个矩阵需要包括多个平台，使传播范围最大化。同时，自媒体营销的内容要足够优质，使品牌强力出圈。

一、从打造自己的自媒体账号入手

很多人觉得，企业无法与自媒体的内容价值融合在一起，然而，星巴克、杜蕾斯等国际知名企业都与自媒体结下了非常深厚的缘分。

通过自媒体，企业还可以为核心人物打造个人设定。例如，格力就为董明珠打造了"董明珠自媒体"，定期在微信公众号、微博、今日头条等平台上发布与董明珠相关的内容，例如，她参加的社会活动、对"网红"经济、直播带货等时下热点的看法、她的日常生活照片等。"董明珠自媒体"自上线以来，就成为连接格力、董明珠与大众的重要纽带，不仅使董明珠的个人形象更丰满、更接地气，还带动了格力品牌的传播。

如果企业想让品牌被更多用户知道，那就绝对不能错过自媒体这波红利。例如，文化人抓住自媒体的红利，打造了"日食记"这个自媒体，获得了超千万粉丝的关注。那么，在快节奏的自媒体时代，"日食记"是如何做好自媒体运营的？

首先，"日食记"以美食、猫、生活为视频的主题，采取了"治愈式"的内容策略，其视频大多以生活场景作为开头，如缓缓驶过的列车、屋檐下随风摆动的风铃、慵懒的猫咪等，与此同时，伴随着舒缓的音乐，开始了菜品制作。

从准备食材到菜品完成，每一个动作都十分优雅，再加上简约、复古的厨具与精致的摆盘，整个做饭过程十分赏心悦目。在做饭的过程中，猫咪也会不时地在镜头前卖萌，使视频生动、有趣。

其次，在视频的最后，通常会出现点睛的文案，例如，"能使被深藏的心灵复苏的，无非春天的一缕阳光，或一碗热汤"等。通过视频叙述与美食相关的温情故事，不仅能够引发人们的共鸣，还能让人们感受温暖、治愈。

最后，不同于其他美食视频，这里主要展现的不只是如何制作美食，还展现了一种洒脱、自在的生活方式。"日食记"中的一人、一猫，独特的logo、视频中的艺术文字、与视频搭配得恰到好处的音乐、情感张弛有度的文案、柔和的画面、精致的美食等都会带给人们美的感受。在这种情况下，人们观看视频的重心已经从美食本身延伸到对这种生活的向往，也正是因为如此，"日食记"才可以吸引大批文艺青年的关注。

为了获得盈利，"日食记"制订了线下体验店计划，同时，其天猫旗舰店及微信小程序也已经上线。此外，"日食记"还推出了咖啡酱、速食面条、冷萃咖啡、空气炸锅等产品，打造了完善的产品体系，发展出多元化营运方式，使整个团队获得了很好的发展。

究其本质，自媒体也是一种营销渠道。有了自媒体，品牌、产品、创始人、团队、用户等可以很好地结合在一起，从而帮助企业以更快的速度了解用户，对用户的痛点和需求作出积极、有效的回应。当然，企业也可以借此创造新的营销策略、玩法。

二、多平台策略：传播范围最大化

互联网的快速发展使平台的营销价值充分显露出来，多平台营销成为一种新兴的营销手段，它能够扩大传播范围，帮助品牌触达更多用户，提升品牌知名度和影响力。

企业在进行品牌营销时，可以采取多平台联合营销的方法，不断探索更好的营销方式，以扩大传播范围，提高营销效果。

1. 形成自媒体矩阵

自媒体矩阵指的是能够触达目标用户的自媒体渠道的组合，包括横向矩阵和纵向矩阵两种类型。

（1）横向矩阵。横向矩阵也可以称为外矩阵，指的是企业在全媒体平台的布局，包括自有 App、网站以及各类自媒体平台，如微信、微博、今日头条等。

（2）纵向矩阵。纵向矩阵也可以称为内矩阵，指的是企业在某个自媒体平台上，各个产品线的纵向布局。大平台更适合企业打造纵向矩阵，例如，在微信上，企业可以布局订阅号、社群、个人号、小程序等。

2. 自媒体矩阵的作用

企业打造自媒体矩阵的作用主要是优化宣传效果，实现内容多元化、风险分散，协同放大宣传效果。

（1）内容多元化。每个自媒体平台都有自己的内容风格，如微信公众号以图文为主、抖音以短视频为主。企业在多个平台建立账号，可以使营销内容多元化，从而吸引不同的用户。钉钉在 B 站发布的"自黑"视频，吸引了许多年轻用户的关注，拓展了产品的受众范围。

（2）风险分散。企业在一个平台进行营销推广，如果账号被关闭，前期所有的营销努力都会前功尽弃。例如，某电影解说的微信公众号的大号遭到永久封禁，而它在此之前就开发了相关的 App，及时将粉丝导流到新平台，从而降低了封号的影响。

（3）协同放大宣传。形成自媒体矩阵后，不同平台可以形成互补。企业可以先在微博为营销活动造势，然后在微信平台进行转化，最后在其他媒体平台分发品牌公关稿，最大限度提升曝光度，这样用户可能在微博看到营销活动，对品牌产生印象，然后又在微信看到品牌的宣传广告，从而对品牌有深入了解，产生消费欲望。

三、内容足够优质，品牌才能出圈

优质的内容不仅能够吸引用户的注意力，还能够提升品牌的口碑和影响力。在信息化时代，品牌营销需要更加注重内容的质量和创意，通过引人入胜的故事、独特的视角，赢得用户的认同和信任。

好的内容能够迅速提升品牌的知名度，让用户对品牌产生认同感，成为品牌的拥护者，在不知不觉间为品牌做宣传。

企业应该如何以优质内容驱动品牌出圈呢？方法主要有两种：一是满足用户需求，二是提供专业的内容。

1. 满足用户需求

满足用户需求是实现优质内容驱动品牌出圈的重要前提。营销的本质就是满足用户需求的过程，因此，无论是产品的设计，还是营销内容的策划，都需要满足一个前提条件，即满足用户的需求。

2. 提供专业的内容

如果企业想让品牌获得广泛推广，只靠华丽的宣传是不够的，有价值的、专业化的内容更容易使品牌获得高曝光。专业化内容也就是所谓的"干货"，能够让用户在读完之后有所收获并且对品牌和产品产生兴趣。与此同时，企业也要紧跟社会热点，在撰写营销内容时，引用一些广受公众关注的社会新闻、事件等，借助事件的影响力，对品牌进行宣传。

国内最大电影评分网站之一的豆瓣发布的宣传视频《我们的精神角落》在短短几天就引起了无数人的共鸣，它以"不平凡"的内容，打造出追求文艺情怀的品牌形象。下面是这则宣传视频的内容。

"除了一个小秘密，我只是一个极其平凡的人。我张开双臂拥抱世界，世界也拥抱我。我经历的或未经历的，都是我想表达的。我自由，渴望交流，懂得与人相处，但不强求共鸣；我勇敢，热爱和平，总奋不顾身地怀疑，怀疑……我在哪里，该去哪里。"

"童年，或许还有过些……，可和你一样，小时候的事，只有大人才记得。我健康，偶尔脆弱，但从不缺少照顾，也尝过爱情的滋味，真正的爱情。如果不联络，朋友们并不知道我在哪里，但他们明白，除了这个小秘密，我只是一个极其平凡的人。我有时会张开双臂拥抱世界，有时，我只想一个人。我们的精神角落，豆瓣。"

豆瓣的宣传视频如同一个小故事，"豆瓣"是主人公，用户跟随豆瓣的视角，寻找自己的小秘密。整个视频内容处处流露出一种独立于世、淡然处之的品牌文化。当看完所有的内容后，许多用户随着主人公"豆瓣"一起沉浸在文艺世界里，这个世界充满傲气与自信。这是一种这个时代人们的特定追求，同时也是所欠缺的东西。当看完视频以后，用户就能真正明白豆瓣的文化，豆瓣的风格。

通过这则视频，豆瓣与一种独立于世的文化风格融为一体，这也正是豆瓣营销最成功的地方。豆瓣的目标用户是"文艺青年"，而豆瓣的品牌内涵显然可以吸引这些人的关注，让他们从心底产生一种豆瓣懂他们、接纳他们的感觉，从而让他们获得情感上的共鸣。豆瓣的文化将深深烙印在他们的内心深处。

四、及时收集用户的反馈，加强沟通

及时收集用户反馈可以帮助企业更好地了解用户需求和喜好，使企业更好地定位目标市场，为用户提供有针对性的产品和服务。此外，及时收集用户反馈能够加强与用户的沟通，提升用户信任度和忠诚度，提高品牌声誉和口碑。

Zippo（之宝）是注重用户反馈的代表。Zippo作为知名的金属打火机品牌，主要是以出色的防风技术为营销点进行品牌营销，但打火机这种产品用的时间久了难免会出现一些问题。针对这一问题，Zippo加强与用户沟通，及时收集用户的反馈。对于用户提出的建议，Zippo认真考虑；对于产品出现的问题，Zippo耐心解决；对于用户的赞许，Zippo表达感谢。这一系列的行为，使得Zippo在用户群体中获得了广泛好评，Zippo品牌也获得了更多用户的关注。

注重用户反馈，建立健全沟通机制对提升品牌营销效果很重要。企业具体应该如何操作呢？可以采用以下三种方式，如图11-4所示。

图11-4　建立健全沟通机制的三种方法

1. 主动回访

用户购买产品后，除非产品出现问题，否则一般情况下用户是不会主动与产品所属企业联系的。在使用产品的过程中，发现产品存在小瑕疵，有的用户会抱着"这次算了，下次不买了"的态度不加追究。如果企业没有及时与用户联系，很可能因为产品的一个小瑕疵而失去了一位用户。因此，企业需要定期、主动与用户联系，询问产品的使用情况和产品是否存在质量问题，为用户提供周到细致的售后服务。

主动收集用户的反馈，让用户感受企业的优质服务与负责任的态度，能够获得用户的好感，促进品牌的推广传播。

2. 鼓励用户分享体验

企业要想加强与用户的沟通，除了要与用户主动联系之外，还要鼓励用户积极与企业互动，例如，鼓励用户发表使用体验，并将其放在营销内容中。用户在挑选商品时，并不喜欢浏览无聊空洞的产品介绍或者一成不变的产品营销推文，他们更想知道产品能不能帮助自己解决问题、产品质量是否有保障。相较于产品介绍，用户更相信其他用户的购买体验与使用评价。

若想提高用户分享体验的积极性，企业可以给主动发表使用体验的用户一定的奖励。在产品营销的内容中加入用户好评的截图，更能刺激潜在用户产生购买欲望，也能够加大产品宣传力度。

鼓励用户分享体验最大的作用就是让潜在的用户看到那些使用了产品的人是如何简单、快速地解决问题的。值得注意的是，在进行产品和品牌宣传时一定要避免使用笼统的评价，比如，产品性能非常好、物美价廉等，这种评价对于其他用户来说没有很大的参考意义。同时，用于宣传的案例要简洁清晰，并且能够洞察用户最想要表达的看法或是最想解决的问题，这样才会起到事半功倍的作用。

3. 建立舆情监测机制

舆情监测是利用互联网信息传播速度快和信息高度透明的特点来实时抓取数据的手段。企业可以对互联网上公众的言论和观点进行收集和采纳，建立有效的舆情监测机制。舆情监测机制可以帮助企业及时发现与品牌相关的焦点问题和热点论题，对倾向性言论进行及时的洞察与反应，为全面地掌握用户体验和营销效果提供数据支撑。

这三种方式是建立健全沟通机制的有效方法，可以帮助企业利用沟通机制与用户沟通、进行品牌塑造，企业需要根据自身的发展状况以及行业环境制定相应的策略方案。

第十二章

撬动品牌杠杆：启动品牌增长新引擎

要想取得成功，品牌需要不断创新，选择合适的时机与正确的方法，不断撬动品牌杠杆，并掌握品牌杠杆的关键要素，启动品牌增长的新引擎，从而更快地从市场竞争中脱颖而出，吸引更多用户的注意。

第一节　如何应用品牌杠杆

品牌杠杆是一个有效的战略手段，能够帮助企业提高品牌知名度，扩大市场份额。通过撬动品牌杠杆，企业可以利用品牌效应，以更低的成本获得更高的回报。企业如何应用品牌杠杆策略，进一步提升品牌价值？

一、选择正确的方法

企业与其大肆进行广告投放，不如选择正确的方法撬动品牌杠杆，实现营销效果最大化。企业要根据产品特点、目标受众、市场环境等方面进行科学分析和判断，选择有效的推广方式，以低成本创造高价值，实现营销目标。

一些巧用品牌杠杆的企业发展得特别快。例如，嘉信理财只用了短短几年就从一个小型的折扣券商，变成一家提供个人金融服务的大型企业；象牙肥皂以肥皂产品为基础，延伸了洗发水和洗衣粉等产品，成功提升了品牌的影响力。

品牌杠杆的应用要选对时机和方式，否则就会起到反作用，阻碍品牌形象的打造和品牌声誉的提升。例如，在超市货架上看到某药企品牌生产的卫生巾，可能有人会认为其杀菌消炎效果一定好，结果买回去却不一定受欢迎。

该品牌的主打产品具有消炎杀菌的作用，认为它生产的卫生巾会更干净卫生，这是该品牌希望用户产生的联想。而一些女性用户则关注其另一个止血的特性，因此抱有怀疑态度。作为一款女性用品，这里对品牌杠杆的运用显然是失败的。

而此前该品牌延伸了止血牙膏这一品类是非常成功的，符合其长久以来在人们心目中的印象，用产品提升了品牌资产价值。因此，品牌杠杆的运用一定要贴合品牌本身的调性，避免让用户产生错误联想。

二、单一品牌策略VS多元化品牌策略

单一品牌策略是指企业只推出一个主品牌，所有产品都属于该品牌。而多元化品牌策略则是指企业推出多个品牌，每个品牌推出的产品不同。企业需要综合考虑市场的需求、品牌定位和拥有的资源等多方面因素，合理选择适合自己的品牌策略。

目前，常见的品牌策略有以下三种：

（1）单一品牌为主导，所有产品都用同一个品牌名，例如，小米、劳力士等。

（2）多品牌，但是有一个核心品牌。例如，可口可乐旗下有雪碧、芬达、醒目等品牌，但可口可乐是核心品牌。

（3）多品牌，但是没有主次。例如，王品集团包含了多个品牌，王品牛排、西堤牛排、花隐日式怀石料理、海狸家等，这些品牌都属于王品集团，但没有主次之分。

那么企业应如何选择品牌策略呢？企业应基于品牌的目标用户和品牌价值选择合适的品牌策略。例如，华为、西门子等品牌的目标用户非常看重企业的整体实力，企业选择单一的品牌策略可以有效降低品牌传播的成本。而像宝洁这样的多品牌企业，每个品牌都很重要，因此它们需要综合性管理，避免企业遇到危机时牵一发而动全身。

单一品牌是目前企业使用最广泛的一种品牌策略，它能强化品牌效

应，快速提升品牌价值，而且易于管理，然而就企业的长期发展而言，单一品牌有其问题。任何企业都很难保证每个产品线都不出问题，而一旦品牌杠杆运用错误，某一延伸产品发生危机，单一品牌的应对能力相对较弱，很容易波及品牌旗下其他产品，产生连锁反应。

而多品牌策略的优势在于应对危机时，品牌能根据事态的发展及时切割，保证危机不会上升到集团层面，以保护旗下其他产品不受波及。但多品牌策略并不是万能的，在市场竞争日益白热化的今天，发展新品牌需要一段漫长的时间，而且投入大、风险高。一个品牌想要在市场维持较高的影响力，每年需要的投入巨大。要想快速打造一个新品牌，企业需要投入的资金更是无法估量。

因此，只有财力雄厚的大企业才适合采用多品牌策略，否则很可能没有孵化出新品牌，企业就因为资源过度分散而丧失了竞争优势。

总之，对于企业来说，没有任何一种战略是万能的。企业应当充分了解自身情况，深入挖掘用户需求，有的放矢地选择品牌策略，找到最适合自己的品牌发展之路。

第二节　品牌杠杆四要素

要想充分利用品牌杠杆创造更多价值，启动品牌增长新引擎，企业就需要抓住品牌杠杆的四要素，它们分别是原产地和其他地理区域、分销渠道、许可授权、名人或专家背书。

一、原产地和其他地理区域

原产地和其他地理区域是撬动品牌杠杆的关键要素。在全球化时代，一款产品的价值和原产地息息相关。原产地作为一款产品的重要元素，可以通过打造优势，强化用户对品牌的信任和认同。

品牌可以通过展示产品的原产地信息，整合文化、历史元素，给产品增添文化价值和人文内涵。借助此效应，品牌可以获得更高的声誉和影响力，从而提高市场占有率。

例如，人们认为山西的醋味道一定更纯正，武汉的热干面才正宗，北京的烤鸭更美味等。因此，很多品牌常用地理位置来佐证自己产品的品质，使用户产生正面的品牌联想。

因此，很多大米品牌都会强调自己的大米产自黑龙江；一些苹果品牌则会强调产品出自山东；一些牛奶品牌则会强调乳源来自内蒙古；许多酱香型白酒品牌强调自己的生产基地在贵州。这些品牌都是利用用户对特定品类优质产品原产地的固有认知，使用户对产品产生正向联想。当然，前提是这些都是真实的。

二、分销渠道

拥有高效、广泛的分销渠道可以帮助企业在市场中占据优势地位。通过分销渠道，企业可以将产品推向更广泛的受众群体，提高品牌知名度和用户忠诚度。在打造分销渠道时，企业需要考虑多种因素，包括价格、渠道成本、合作伙伴、市场营销策略等，以确保分销渠道的有效性。

广告投放领域有一个说法，叫"渠道即信息"，指的是品牌的广告投放在什么渠道，在一定程度上映射了品牌的层级以及市场地位。例如，一家咨询企业想投放广告，如果它选择在首都机场投放广告，就传递出"这是一家国内顶级的咨询企业"的信息。同样，如果想打造一个高端品牌，企业就不能在普通商场、超市投放广告，而应该在高端商圈投放广告。例如，国产品牌双姝的定位是高端美妆品牌，其于2020年入驻安徽合肥滨湖银泰城。滨湖银泰城定位为中高端商场，双姝与其展开合作，有利于加强其高端定位。

因此，如果品牌想要获得高势能，就要选择高端的分销渠道，以彰显自己的实力，强化自己的定位，给用户留下高端、品质象征的好印象。

三、许可授权

品牌想要发展壮大，就要不断拓展新市场，但跨越文化与地域总是充满挑战。许可授权为品牌在新的市场落地提供了重要的支持，通过对当地文化、用户需求的深入了解，品牌可以更快速地进入市场并取得成功。

许可授权也能够帮助品牌降低进入新市场的风险，使得品牌可以在与新市场建立长期战略合作的同时，维护自身原有的品牌形象。当创造一个新品牌比较困难时，企业可以通过获得其他品牌的授权来拓展自己的发展空间。这里的授权应从更宽泛角度来理解。

例如，家具品牌会炫耀自己曾获得"红点设计大奖"，食品品牌会以自己曾经参加过某届世界食品品鉴大会作为营销点等，这些都是品牌通过取得其他品牌的授权，来提升自己的品牌价值。

四、名人或专家背书

当用户认可的名人或专家为某一品牌背书，用户就会更愿意购买该品牌的产品，因此，企业与一些明星或知名人士合作，让他们为产品背书，是提高品牌曝光度和用户信任度的重要手段。

名人或专家本身就具有强大的影响力，他们替品牌背书能够将自己的影响力转移给品牌。当然这个选择是双向的，因为品牌的形象也会影响名人或专家的形象。因此，一些一线明星在挑选代言品牌时非常谨慎，一些形象不高、知名度不高的品牌会直接被排除在外。

在选择为品牌背书的名人或专家时，企业应遵循名人或专家足够有名、符合产品调性、受目标用户喜爱、能够让用户产生有价值的联想等原则。例如，云南白药牙膏选择当红男星作为形象代言人，很好地提升了品牌形象。

另外，牙膏广告常会有好牙齿的特写镜头，而洗发水广告常会有头发顺滑的特写镜头，这也是为了让用户产生正面联想。

第十三章

维持品牌活力：无限拉长生命周期

保持品牌活力能够延长企业的生命周期。企业可以通过细分市场与跨区域发展维持品牌的长久发展，也可以通过品牌延伸助推品牌规模增长，从而为企业的发展不断注入活力，促进企业的可持续发展。

第一节　细分市场与跨区域发展

企业要设计科学的市场细分策略，明确品牌的长期发展愿景，用科学的策略和愿景指导企业长远发展。

一、设计市场细分策略

在设计市场细分策略时，企业应该了解市场需求并根据不同消费群体的特征对产品进行精准的定位和推广。在细分市场的过程中，企业需要考虑如何对产品进行差异化推广以及在不同渠道进行宣传推广，以提高产品的市场占有率和品牌知名度。

通过科学的市场细分策略，企业可以更好地满足用户的需求，提升品牌形象和知名度，从而在激烈的竞争中占据更多市场份额。

知名运动服装品牌 361°采用市场细分策略，定位了多个层级的受众，致力于满足不同消费者的不同需求，该品牌不仅瞄准了跑步市场的巨大需求，还在篮球、综训等其他品类上不断发力，希望吸引不同层级的消费者，占据更大市场。

随着用户群体年轻化和需求差异化愈发明显，批量化和规模化的生产模式已经无法满足用户的个性化需求，为此，安踏推出个性化产品定制服务——ANTAUNI。ANTAUNI（表示独一无二）的推出有利于加强用户与产品之间的互动，满足了用户的个性化需求。

除了进行市场细分外，一些体育用品品牌在消费升级中寻求突破口，如瞄准女性用户的消费需求。由于竞技体育的参与者多为男性，因此男性用户是体育品牌的主要营销对象，然而在消费升级的趋势下，女性对健康的关注度逐渐提升。女性用户更注重产品的舒适性和个性化，于是体育用品品牌纷纷在女性用户身上下功夫寻求突破。

除了体育用品品牌外，不少线上教育品牌也采用了市场细分策略。例如，MageVR专注于VR英语教学领域，以使用户自信、快乐地张口说英语为主要目的。MageVR能够为用户提供沉浸式的学习体验，在其构建的虚拟世界中，有许多学习场景，包括校园课堂、用户自学等，还能够为用户提供口语陪练服务。

除了沉浸式场景，MageVR还专注于课程研发，开发了千余个英语课时，能够为用户提供优质的英语课程。MageVR的研发团队十分优秀，资源雄厚，能够为用户带来优质教学内容。用户可以在MageVR平台学习体系化的知识，形成完整的学习闭环。

MageVR进入市场短短半年内，便得到了不少知名企业的认可，它们与MageVR在多个层面展开了合作。专注细分市场使MageVR获得了成功。

二、多品牌战略风险降低

多品牌战略可以降低企业面临的风险。通过推出多个品牌，企业可以扩大市场覆盖范围，降低对单一品牌的依赖，避免因单一品牌失利而导致整个企业业绩下滑。

多品牌战略有利于满足不同用户的不同消费需求，有助于企业占领更多细分市场。一方面，多品牌战略可为企业树立一个具有雄厚实力的形象，让竞争对手不敢轻举妄动；另一方面，拥有多个品牌意味着企业可占据不同的细分市场及销售渠道，有助于满足不同消费群体的不同需求，提升企业防御风险的能力，使企业更好地应对市场竞争。

需要注意的是，多品牌战略应在企业具有一定规模后实施。如果实施顺利，那么企业的价值将会大幅增长。

很多企业都实施了多品牌战略，如万达、统一等。在全球实施多品牌战略的企业中，宝洁堪称典范。

在洗发护发领域，宝洁拥有潘婷、海飞丝、飘柔、沙宣等品牌；在清洁剂领域，宝洁拥有汰渍、碧浪等品牌；在个人清洁领域，宝洁拥有舒肤佳、玉兰油、卡玫尔等品牌；在口腔护理领域，宝洁拥有佳洁士、欧乐·B等品牌。

尽管实施多品牌战略的企业很多，但是像宝洁这样大获成功的企业是有限的。事实上，企业发展到一定规模才适合实施多品牌战略，初创企业应当集中精力，发展核心品牌和核心产品，不要贸然采用多品牌战略。

多品牌战略有两个特点：一是企业根据不同的市场创建不同品牌。例如，飘柔面向的市场是让头发更柔顺；潘婷面向的市场是让头发更健康、更加亮泽；海飞丝面向的市场则是快速去除头皮屑。

二是各品牌之间的经营具有一定独立性。尽管飘柔、潘婷和海飞丝都是宝洁旗下的品牌，但是三个品牌之间是相互独立的竞争关系。

将企业的信誉维系在多个品牌上可以降低企业经营风险，更有效地维护企业信誉。如果一个品牌的产品出现问题被曝光，那么受影响的只有这一个品牌，其他品牌受到波及的可能性很小。试想一下，如果不是特意关注，你会知道飘柔、潘婷、海飞丝属于一家企业吗？

如果宝洁旗下所有产品都使用同一个品牌名，那么只要一款产品出现了问题，其他产品都将受到影响。"不把鸡蛋全放在一个篮子里"，这样即使一两个"鸡蛋"碎了也不会产生太大的影响，这就是大企业实施多品牌战略的一大优势。

三、西贝集团：愿景支撑长远发展

企业要想实现长远发展，不仅要有正确的发展方向，还要有明确的愿景，并根据愿景制定具体的营销策略，使愿景得以实现。

以成立于 2001 年 11 月的连锁餐饮品牌西贝为例。"西贝"有两层含义:一是指"西北",因为西贝主打西北菜;二是指创始人的姓氏,拆分开即为"西贝"。西贝创立后的第二年营收就超过 1 亿元,随后开始在全国布局,品牌名是"西贝莜面村"。

"全球每一个城市、每一条街,都开有西贝,一顿好饭,随时随地,因为西贝,人生喜悦"是西贝的品牌愿景。在品牌愿景的支撑下,西贝制定了黄金 10 年的目标——在 2015 年到 2024 年的 10 年时间里,在 100 个城市(不限中国)开 1 500 家店,实现 200 亿元营业额、13% 净利润率,达到市值 600 亿元。为了实现这一目标,西贝在以下几个方面发力,一步步走向目标,如图 13-1 所示。

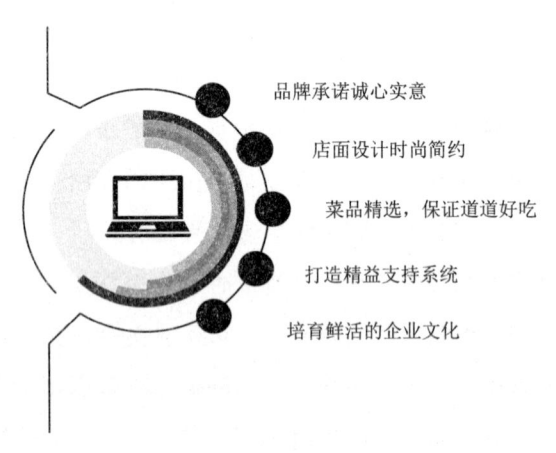

图 13-1 西贝为了实现品牌愿景发力的五个方面

1. 品牌承诺诚心实意

西贝采购的羊肉来自西北草原,五谷杂粮来自西北高原,保证原材料天然。西贝产品采用传统制作工艺,不添加其他,保证口味地道。

2. 店面设计时尚简约

西贝莜面村以散座为主,店面面积一般为 300~600 平方米,同时设置少量的半封闭包间。未来,西贝计划主打小店形态,并做到小而多。通过手工展示、全明档、"莜面妹"、红格子台布等视觉要素,西贝成功打造了一种阳光明媚、充满丰收喜悦的就餐氛围。

3. 菜品精选,保证道道好吃

西贝致力于通过精选菜品打造核心竞争力——好吃。在菜单设计上,西贝本着菜品精选的态度推出 44 道菜品和 22 道饮品，其中莜面是西贝的特色，也是招牌。西贝在保持经典菜品的基础上不断推陈出新，如杂粮汤面、杂粮点心、杂粮焖面、烤羊肉串、炒烤羊肉、烤羊排、烤羊腿、功夫鱼、大拌菜、面筋、酸奶等美食。

西贝作为大众餐饮领域少有的不走低价策略的品牌，必须将菜品质量做到足够让顾客满意，实现西贝对顾客的承诺："保证好吃，不好吃不要钱。"

4. 打造精益支持系统

西贝追求精益求精的支持系统，如研发系统、开发系统、财务系统、供应链系统、信息化系统、厨房系统、服务系统、新店营建系统、人力资源系统、食品安全系统、品牌推广系统等。

在中餐领域，西贝是明档式厨房的拥趸。西贝的几位高管在外考察后获得了灵感，回来后立即安排大批人马前去学习。得益于西贝高效的组织效率，明档式厨房和西贝餐厅才能很快实现布局上的整体合一，给顾客提供了更好的用餐体验。

5. 培育鲜活的企业文化

西贝创始人曾表示："不争第一，我们干什么！"正是西贝拼搏上进的企业文化，才吸引了大批优秀人才加入。西贝人一直都在做一件事，那就是不断发展、不断精进，让更多人吃到西贝美食，让每一个城市都有西贝的身影，力求把西贝打造为最受用户喜欢的餐饮品牌。

西贝成功实现品牌愿景，体现了合理的品牌愿景对企业发展的重要作用。在品牌愿景的支撑下，企业员工有前进的方向，能够协同推动企业发展目标的实现。

第二节　品牌延伸：规模增长的秘密

很多企业都通过品牌延伸的方式实现规模增长。品牌延伸不仅可以巩固企业已经取得的发展成果，还可以为企业的发展创造更多新的可能。下面将围绕品牌延伸的意义和方法展开论述。

一、为什么品牌必须延伸

品牌延伸可以扩大产品线，满足用户日益多样化的需求，提高品牌知名度和美誉度。品牌延伸有利于开拓新的产品市场，节约市场推广费用，强化品牌效应。品牌延伸可以提高品牌的稳定性，使其不受单一产品或市场的影响，有利于品牌长期发展。

品牌的长久发展，离不开不断研发新产品。将成功的品牌用于新产品的品牌延伸策略是一把双刃剑。合理的品牌延伸可以成为企业发展的加速器，反之则是企业发展的绊脚石。因此，企业在进行品牌延伸时一定要权衡利弊，从多方面去考虑。

品牌延伸得当，能使新产品快速得到用户认可，并提升品牌形象，增加企业收益。品牌延伸主要有以下四个优势，如图13-2所示。

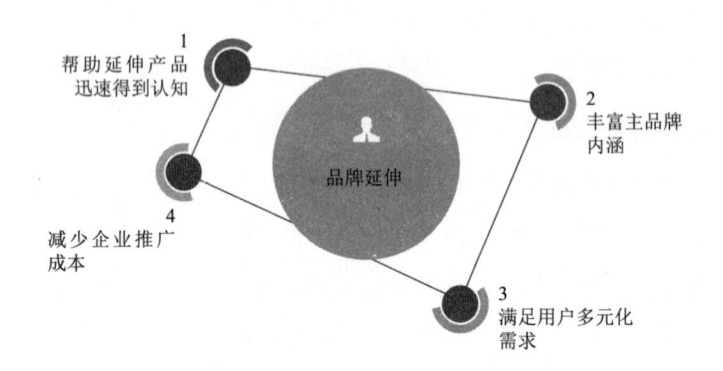

图13-2 品牌延伸的四个优势

1. 帮助延伸产品迅速得到认知

当主品牌进行延伸时，新产品可以借助主品牌的影响力来提升自己的知名度，即把用户对主品牌的好感转移到新产品上，以降低用户对新产品的不信任，使新产品在短时间内得到用户的认可。例如，娃哈哈推出的纯净水，用户没有因为对产品陌生而拒绝购买，这是因为娃哈哈原本就是一个饮料品牌，纯净水作为新产品并没有超出用户的认知。

2. 丰富主品牌内涵

品牌延伸可以给用户带来新鲜感，让用户感知品牌的创新精神。例如，海尔的产品线从洗衣机拓展到冰箱、空调、电视等领域，能让用户感觉海尔在不断自我创新，这不仅提升了海尔品牌的价值，还丰富了海尔品牌的内涵。

3. 满足用户多元化需求

品牌延伸能使产品更加多元化，使目标市场得到进一步细分，从而为用户提供更多选择。对于用户而言，品牌产品的品类越齐全，自己的选择性就越大，需求得到满足的概率就越高。

4. 减少企业推广成本

品牌延伸就像主品牌向自己的老朋友（用户）介绍自己的新家人（新产品）一样，而作为老朋友的用户会更容易接受主品牌的"新家人"，这对企业来说，能节省一大笔新产品的推广费用。例如，蒙牛推出特仑苏等子品牌时，很容易就被用户接受，这无疑节省了大量的营销成本。

二、如何做好品牌延伸

好的品牌延伸策略可以帮助企业扩大市场份额，提高品牌认知度，满足用户更多需求，但在实行品牌延伸策略时，企业需要注意延伸的范围，避免损害品牌形象，导致用户对品牌的忠诚度降低。常见的品牌延伸策略有以下三种：

1. 抢占一个用户没有品牌认知的品类

有时，用户可能会对某个品类有很强烈的认知，但这个品类中没有领导品牌。例如，圆珠笔是一个人们比较熟悉的品类，但人们不容易想到圆珠笔的领导品牌，因此，如果某个品牌抢占这样一个品类，就很可能成为"品类杀手"。

无印良品是一个以销售日用品为主营业务的品牌，它始终秉持纯朴、简洁、环保、以人为本的理念。无印良品的意思是"无品牌标志的好产品"，但现实中，无印良品已经成为一个非常知名的大品牌。

其实无印良品没有创造任何品类，其所销售的圆珠笔、铅笔、笔记本、便笺、橡皮等都是很早之前就已经存在的品类，但该品牌可以拥有如今的地位，最主要的原因就是抢占了一些用户没有品牌认知的品类，并为这些品类贴上了自己的标签，从而顺利进入用户内心，获得用户的认可和支持。

试想，keep（卡路里科技）为什么出售跑步机，而不出售运动手环？一个非常重要的原因是小米手环、Apple Watch（苹果手表）等智能手环类已经占据了用户内心，没有为keep留下足够的发展空间。然而，在跑步机领域，当时没有一个无法替代的领导品牌，这便是keep入局的绝佳机会。

2. 从大品类中分化出一个小品类

领导品牌为了应对其他品牌的挑战，往往会牢牢把控某一品类。在这种情况下，其他品牌要想破局，从大品类中分化出一个小品类，不失为一种有效的方法。例如，饮料是一个大品类，从中分化出植物性饮料这个小品类，就可以作为初创品牌进入市场的品类策略。再如从植物性饮料中继续分化出核桃蛋白饮料，则是更细化的品类策略。

相关数据显示，"90后"年轻用户的皮肤过敏率高。因此，作为护肤品中的一个小品类，过敏修复品的出现进一步挖掘了市场的潜在需求。基于此，某品牌瞄准了这个前景广阔的市场，打造出一款针对易过敏用户的新产品，获得了不错的发展。

这样的案例其实还有很多，例如，丸美凭借眼霜产品成为眼霜领导品牌、玛丽黛佳的睫毛膏成就现在的"新艺术彩妆"。最早把握住品类缺口的品牌很容易进入用户的内心，而分化品类的出现则为初创品牌提供新的突围机会。

3. 进一步扩张品类

如果某个品牌牢牢控制住一个品类，成为名副其实的"品类杀手"，但获得的盈利难以维持企业的正常运转，这时应对品类进一步扩张。

在抗过敏牙膏这一品类中，冷酸灵无疑拥有非常稳固的地位，即使如此，其销售额一直存在空间。实际上，冷酸灵的扩张不是在品牌上，而是在品类上。对于冷酸灵而言，扩张品类是首先要做的一件事。

"抗过敏"是一个专业性比较强的词汇，大多数用户都不知道牙齿过敏的症状是什么，也不知道应该在什么时候使用抗过敏牙膏，因此，作为一个领导品牌，冷酸灵应该承担起教育市场的责任，这样才可以在推广品类的同时获得更丰厚的盈利。

在最开始时，京东依靠销售3C数码产品起家，随后又继续扩张品类，在市场上展开了一系列竞争。试想，如果京东一直都只销售3C数码产品，还能在电商领域拥有如今的地位，有如此巨大的影响力吗？

企业在进行品牌延伸时一定要清楚，什么是正确的做法，什么是错误的做法。毋庸置疑，正确的做法是先聚焦品类，让品牌顺利进入用户的内心，然后再进行品牌延伸。

三、安踏：多元品牌延伸之路

在竞争激烈的市场环境下，品牌延伸是一种趋势，是品牌战略的重要组成部分。通过巧妙的品牌延伸策略，企业可以扩大品牌影响力，提高市场占有率，并实现企业价值最大化。然而，多元品牌延伸之路充满了挑战和不确定性，企业需要在品类选择、市场调研、品牌评估等方面作出精准的决策，才能在激烈的市场竞争中获得成功。

在实行品牌延伸策略时，安踏采取了多品类纵向延伸和多品牌横向扩张的方法，下面进行详细讲述。

1. 多品类纵向延伸

安踏不断延伸细分运动品类，发布了以"实力无价"为主题的篮球战略，并成为NBA中国官方市场合作伙伴及产品授权商，极大地提升了自己的知名度，进一步优化了自己的品牌形象。同时，安踏还与加内特等NBA巨星签约，从而不断强化自己在篮球装备领域的专业属性，提升自身在市场上的美誉度和影响力。

安踏还发布了"run with me（跟我跑）"跑步战略，帮助极限马拉松运动员完成"连续100天跑100个马拉松"的极限挑战。后来，安踏又签约国家足球队队长，与足球学校合作，携手发布以"只管去踢"为主题的足球战略，推动青少年足球进步。

从篮球、马拉松，再到足球，安踏巩固了自己在体育用品市场的地位，不断完善品类细分策略，在多个领域全面发力，提升用户对自己的认可度。

2. 多品牌横向扩张

安踏定位于运动鞋服市场，致力于为用户提供专业、高质量的体育用品，其旗下有多个子品牌，例如，FILA（斐乐）定位于高端运动鞋服市场，与顶级设计师合作，为用户提供高端产品；安踏儿童是知名儿童运动鞋服品牌，随着安踏青少年足球战略的发布获得快速发展；通过收购户外运动品牌 Sprandi（斯潘迪），安踏进一步扩大了品牌版图，实现业绩增长。

品牌延伸策略可以提高企业的抗风险能力，避免企业因为个别品牌失败而影响其他品牌的发展和企业的整体形象。多元品牌策略非常适合零售企业，可以使其在货架上占有更大空间，获得更多销售机会。